Engel's Reiki – 7 Phasen zur Erleuchtung
nach Anisis
im Auftrag und unter Anleitung des Lichts

Engel's Reiki ist für mich:

Liebe und Licht
Gott
Schöpferkraft
Frieden
Freiheit
Glückseligkeit
Erleuchtung
Die Liebe zu sich selber und zu allem
In Liebe der Weg zurück zu Gott
Eintauchen in das Göttliche Spiel – die FREUDE am Bewusstsein
Die Verbindung mit Gott
Mein Weg zu Gott
Mein Weg zurück nach Hause
Heilung grenzenlos auf allen Ebenen
Alles ist Liebe und nichts ist ohne Liebe
Vertrauen in mich und Gott
Die Göttliche Liebe lässt alles erblühen

Engel's Reiki Meisterschaftsseminar Korfu 2. Februar 2005
Die Teilnehmer

2. Auflage: 2005
Autor: Anisis Froelich

Cover, Satz und Innengestaltung: Agata Ewa Haindl
Gechannelt durch Anisis
Grafiken by Leonila Hämmerle - Mathis
Lektorat: Rochana & Nabala
Printed in Switzerland

Der Besondere Dank des Saphira Verlags gilt
Jack O'Niels

Der Saphira Verlag veröffentlicht Bücher, die im Bewusstsein des Engel's Reikis geschrieben wurden. Sie alle haben zum Ziele, dem Leser durch wachsende Spiritualität Kraft und Freude am Erdleben zu übermitteln. Pro verkauftes Buch kommen dem Verband I.A.R.U. International Angel's Reiki Union 1.- Euro zu Gute.

www.saphira-verlag.com
info@saphira-verlag.com

Kontaktadresse Schweiz
Saphira Verlag, Altgasse 50, CH - 6340 Baar
Tel./Fax: (0041) 041 - 760 80 11

ISBN 3-9522893-2-9

Inhaltsverzeichnis

Geliebte Schwester meiner Seele
Geliebter Bruder meiner Seele

Sei wie ein Ruderboot,
das seine Ruder eingezogen hat.
Lasse Dich treiben im göttlichen Strome.
So wirst Du Deine Erfüllung finden.
Frage nicht mehr. Versuche nicht mehr zu verstehen.
Lasse Dich einfach treiben.
Alles ist gut und dient dem Göttlichen Zweck.
Das Wasser findet immer
den Weg ins Meer,
den alles folgt dem Plan der Schöpfung.
Nehme alles was Dir wiederfährt
in Liebe auf,
so wirst Du Glückseeligkeit finden.

Wir lieben Dich und wachen über Dich.

Jesus Christus

Gechannelt aus dem Christusbewusstsein
durch Anisis
Mai 2002

Mein Weg des Erwachens

Die ersten Jahre und meine geistigen Freunde

Ich wurde 1967 als jüngstes von drei Kindern geboren. Meine ersten Lebensjahre verbrachte ich in der Schweiz auf dem Lande, in der Geborgenheit meiner Familie, in sehr guten finanziellen Verhältnissen. Ich liebte es, alleine in unserem grossen Garten zu spielen. Ein Wäldchen, das Teil unseres Grundstücks war, zog mich gleichsam magisch an. Meine Mutter berichtete mir später, dass sie sich zu jener Zeit grosse Sorgen um mich gemacht habe, da ich die Bäume mit Namen ansprach und mich mit ihnen unterhielt. Sie führte dieses Verhalten auf fehlende Spielkameraden zurück. Elenora, eine meiner geistigen Führerinnen, liess mich später wissen, dass ich bis ins Kindergartenalter die geistige Welt sehr gut hätte wahrnehmen können und mit meinen lichtvollen, geistigen Freunden am Kraftort des Wäldchens gespielt hätte.

Diese ersten mir im Nachhinein als paradiesisch erscheinenden Jahre meines Lebens wurden durch den geschäftlichen Zusammenbruch der Firma meines Vaters und damit einhergehend dem Verluste unseres gesamten Vermögens jäh beendet. An den Folgen zerbrach unsere Familie, und mein Vater verstarb wenige Jahre später.

Meine Kindheit wurde fortan durch zahlreiche Lebensprobleme und seelische Verletzungen geprägt. Ein einjähriger Aufenthalt in einem katholischen Kloster-Internat im Alter von zehn Jahren vermittelte mir das Bild eines grausamen, strafenden Gottes. Dennoch hatte ich auch in dieser Zeit eine starke Beziehung zu Gott, der für mich jedoch immer ein Gott der allumfassenden Liebe war.

Spirituelle Suche

Mit dreizehn Jahren kehrte meine Aurasichtigkeit, die ich im Kindergartenalter verloren hatte, wieder zurück. Zu diesem Zeitpunkt erwachte auch mein Interesse an spirituellen Sitzungen. Die Beweggründe waren dabei jedoch weniger spiritueller Natur als vielmehr Neugier. Einige sehr unangenehme Zwischenfälle führten dazu, dass ich schliesslich wieder Abstand davon nahm. Nach Abschluss einer

Berufsausbildung im therapeutischen Bereich kehrte mein Interesse an übersinnlichen Phänomenen zurück. Besondere Aufmerksamkeit erregten dabei Rituale der Weissen Magie.
Meine Erwartung dabei war, mir mit Hilfe der Magie ein Leben – entsprechend meinen Vorstellungen – erschaffen zu können. Meine magischen Sitzungen zeigten Erfolg, und ich hielt mich für hoch spirituell. Das Erschaffene machte mich jedoch nicht wirklich glücklich. In meinem Inneren fühlte ich mich ruhelos und unglücklich. Damals erkannte ich noch nicht, dass wahre Spiritualität ein Wachstum der Persönlichkeit voraussetzt und diese wiederum schlussendlich zu einer Bewusstseinserweiterung führt.
In diesen Jahren war ich von einer starken Ruhelosigkeit getrieben. Ich verbrachte viel Zeit im Ausland und zahlreiche Erinnerungen an vergangene Leben kehrten zurück.

Elenora, meine geistige Führerin

Zwischen den Auslandaufenthalten arbeitete ich im therapeutischen Bereich. Eines Mittags, in einem überfüllten Selbstbedienungsrestaurant, damit beschäftigt, in möglichst kurzer Zeit einen Salat zu verspeisen, ereignete sich etwas, was mein Leben nachhaltig verändern sollte. Plötzlich stand eine Frau vor meinem Tisch. Sie erregte meine Aufmerksamkeit, weil sie eine übernatürliche Schönheit und Anmut ausstrahlte. Langes, gewelltes, braunes Haar fiel offen über ihre Schultern. Sie trug ein langes, hellbraunes, dekolltiertes Samtkleid. Ihre Haut schimmerte elfenbeinfarben. Es erschien mir, als sei sie einem Gemälde aus einer vergangenen Epoche entstiegen. Der Lärm um mich herum verstummte abrupt. Die Menschen, die ich zwar weiterhin wahrnahm, verloren für mich jede Bedeutung. Ich sah nur noch sie. Ein Gefühl der Liebe und Freude erfüllte mich vollkommen. Sie lächelte mich an und sprach:
"Mein Name ist Elenora, ich grüsse Dich, Anisis, Tochter des Lichts." Eine sehr persönliche Offenbarung folgte. Dann löste sich Elenora wieder auf. Der Zauber war genommen, die Menschen und der Lärm kehrten in mein Bewusstsein zurück. Ich war von dem Erlebten überwältigt und zweifelte gleichzeitig an meiner Wahrnehmung. Elenora wusste dies, denn sie liess mich ihre Gegenwart

noch mehrere Wochen sehr intensiv spüren, bis meine Zweifel schwanden und Elenora Bestandteil meiner Realität wurde.

Jahre des Leidens

Mit viel Enthusiasmus und wenig Geschäftserfahrung hatte ich mit einem Freund eine Firma gegründet. Das Vorhaben entsprach nicht unserer inneren Berufung, und im Nachhinein glaube ich, dass dies uns beiden auch bewusst war. Wir liessen uns jedoch von der Erwartung blenden, mühelos in kurzer Zeit zu Geld und Erfolg zu gelangen. Unsere Zielvorstellung erfüllte sich jedoch nicht. So sehr wir uns auch bemühten, Misserfolg war unser ständiger Begleiter. Nach einem Jahr des Kampfes hatten wir unser gesamtes Vermögen verloren, und von unseren Träumen blieb nur ein riesiger Schuldenberg zurück. Am meisten erschütterte mich jedoch die Erfahrung, dass Glaube an das Gelingen einer Sache, begleitet von ernsthaftem Bemühen, offensichtlich alleine nicht ausreichen, um Erfolg zu tätigen. Mein Weltbild war erschüttert. Ich wusste nicht, wie mein Leben weitergehen sollte. In dieser Zeit begegnete ich meinem damaligen Mann. Er brachte wieder etwas Hoffnung auf eine bessere, glücklichere Zukunft in mein Leben. Nach kurzer Zeit heirateten wir.

In den ersten Ehejahren geriet ich in eine tiefe psychische Krise. Meine Erwartung, in der Ehe mit einem starken, dominanten Partner, den ich auch noch sehr liebte, Ruhe, Halt und Geborgenheit zu finden, erfüllte sich nicht. Konnte ich früher meine innere Unruhe mit ständigen Reisen und für mich sehr bereichernden Auslandaufenthalten überspielen, so holten mich jetzt alle meine verdrängten Blockaden und Ängste ein. Ich fühlte mich in dieser Ehe gefangen, bevormundet, meiner Freiheit beraubt, kurzum sehr unglücklich. Es schien mir, als ob mich undurchdringliche Dunkelheit umgeben würde, die mich zu verschlingen drohte. Mein Leben entbehrte jeglicher Lebensfreude und bestand nur noch aus einer Mischung von Pflichtbewusstsein und Angst. Dabei versuchte ich, entsprechend meiner Erziehung, nach Aussen hin ein Bild der Stärke aufrecht zu erhalten. Innerlich fühlte ich mich jedoch kraftlos und zerrissen. Die Schuld an diesem meinem Zustand gab ich damals vollumfänglich meinem

Mann, der mir dieses mein Leben aufzuzwingen schien. Heute weiss ich, dass auch diese Jahre meines Lebens einen tieferen Sinn hatten, nämlich mich und meinen ehemaligen Mann in unserem Bewusstsein wachsen zu lassen.
Damals hingegen begann ich Gott für mein Schicksal verantwortlich zu machen, und entfernte mich damit immer weiter vom Licht. Ein tiefes Gefühl des Hasses, eine Emotion, die mir bis dahin nicht bekannt war, ergriff Besitz von mir. Ich hasste aus tiefstem Herzen alles, was mich unterdrückte und quälte. Am grössten war jedoch der selbstzerstörerische Hass gegen mich selbst, weil ich nicht die Kraft aufbringen konnte, mich zu befreien. Der einzige Lichtblick in diesen Jahren war unser kleiner Sohn. Er gab mir die Kraft zum Weiterleben.

Die Wende

Eine Aurafotographie bei einer Ausstellung war Ausgangspunkt für eine Wende in meinem Leben. Mein Ego war trotz meiner stark geschwächten psychischen Verfassung immer noch der Meinung, dass die Aufnahme meiner Aura eine hohe Spiritualität dokumentieren würde und somit aussergewöhnlich ausfallen müsse. Die Auratherapeutin offenbarte mir jedoch ein erschreckendes Urteil; meine Aura lasse zwar durchaus spirituelle Aspekte erkennen, ansonsten sei sie besorgniserregend geschwächt. Vorrangig wies sie mich auf den alarmierenden Zustand meines Herzchakras sowie meines Kehlkopfchakras hin. Zwar fühlte ich mich todunglücklich und litt unter chronischer Bronchitis, vermochte jedoch trotz meiner Fachkenntnis die Symptomatik nicht zu deuten. Für mich kam ich zu dem Ergebnis, dass die Auratherapeutin inkompetent sei, und es mir generell gut gehe. Eine Stunde später in einem Lokal war es mir, als ob plötzlich in meinem Inneren etwas explodieren würde. Tränen liefen über meine Wangen, und lang unterdrückte Gefühle brachen aus mir heraus. In diesem Moment wurde mir bewusst, dass ich vieles in meinem Leben ändern musste.
Ich stieg in eine Gemeinschafts-Praxis ein und arbeitete in meinem erlernten therapeutischen Beruf. Die Inhaberin war eine willensstarke, charismatische Frau, die mir eine grosse Stütze war und

mein Selbstbewusstsein sukzessive aufbaute. Gleichzeitig zeigten meine beruflichen Anstrengungen Erfolg. Ich blühte auf, denn meine Arbeit bot mir Zuflucht und gab mir gleichzeitig Selbstbestätigung.

Reiki verändert mein Leben

Der Besuch eines Reiki-Seminars interessierte mich schon seit geraumer Zeit. Jetzt schien mir die Zeit dafür reif, den Wunsch in die Tat umzusetzen. Reiki I durfte ich in einer wunderschönen Atmosphäre erleben. Während den Einweihungen war mir, als ob kleine Lichtblitze durch mein Kronenchakra in den Körper eindringen würden. Ein wundervolles Glücksgefühl durchströmte mich. Bereits nach Reiki I verflog meine innere Unruhe, die mir bis dahin sehr zugesetzt hatte; ich wurde innerlich ruhig, gefestigt und fand zu mir selbst.

Mein erstes Reiki Wunder

Einige Tage nach dem Besuch des Reiki I Seminars führte mich ein Spaziergang durch einen Wald. Plötzlich war mir, als ob ein Schleier von meinen Augen gezogen würde. Das erste mal seit Jahren, vielleicht sogar in meinem Leben, sah und erlebte ich die Natur in all ihrer Pracht. Überwältigt von der Schönheit der Natur wurde mir bewusst, dass ich die Natur bis dahin zwar mit den Augen wahrgenommen hatte, aber für ihren unermesslichen Reichtum und ihre Fülle blind gewesen war. Dankbarkeit erfüllte mein Herz. Freudig dankte ich Gott dafür, mich zu Reiki geführt zu haben.

Die ersten Engel zeigen sich mir

Nach meiner Einweihung in den zweiten Reikigrad begann ich zunehmend Reikisitzungen zu geben. Während der Reikibehandlung einer jungen Frau war mir, als ob sich der gesamte Raum mit himmlischem Licht füllen würde; hohe, wunderschöne Schwingungen, die mehr und mehr in Sphärenklänge übergingen, erfüllten das Zimmer. In der Hoffnung, dass der Zauber nicht verfliegen würde, öffnete ich meine Augen. Ein unvergessliches Bild bot sich mir.

Um die Behandlungsliege einen Kreis bildend standen fünf verschieden grosse, in weiss-goldenem Licht erstrahlende Engel, deren Konturen ich dennoch deutlich erkennen konnte. Sie hielten ihre Hände ausgestreckt und weiss-goldenes Licht strömte in die Aura meiner Klientin. Vollkommene Glückseligkeit erfüllte mich. Ich verspürte keinerlei Angst, alles erschien mir selbstverständlich. Ehrfurchtsvoll führte ich meine Behandlung fort. Nach etwa zehn Minuten löste sich die Engelerscheinung auf. Ihre Energie jedoch nahm ich für die Dauer der Behandlung weiterhin wahr. Mir ist noch deutlich in Erinnerung, dass ich mich nach dieser ersten Begegnung mit Engeln, völlig überwältigt von dem Erlebten, nach dem Fortgang meiner Klientin, hinsetzte und die Realität dieser Wahrnehmung in Frage stellte. Trotz meiner Zweifel erfüllte mich grosse Dankbarkeit und Ehrfurcht vor dem Erlebten. Ich fragte mich, ob dies wohl ein einmaliger Gnadenerweis gewesen sei, oder ob sich das Wunder wiederholen würde.

Ein Blick ins Paradies

Langsam schwand meine Hoffnung, je wieder Engel sehen zu dürfen. Mittlerweile hatte ich den dritten Reikigrad (eigene Meisterschaft) erworben. Es war ein Donnerstagmorgen, an dem mehrere Reikisitzungen in meinem Terminkalender vermerkt waren. Während der Behandlung meiner ersten Klientin ereignete sich etwas Aussergewöhnliches. Plötzlich nahm ich einen grossen, saphirblauen Engel hinter mir wahr, und ein unbeschreibliches Glücksgefühl durchflutete mich. Der Engel umhüllte mich mit seinem blauen Lichtmantel. Seine Energie strömte in mein Energiefeld; ich spürte, dass ich mit seiner Energie verschmolz. Gleichzeitig wurde ich auf eine sehr hohe energetische Ebene gehoben. Ein unglaubliches Gefühl der Glückseligkeit erfasste mein gesamtes Sein. Voll Ehrfurcht führte ich meine Reikisitzung fort, staunend wahrnehmend, wie saphirblaue Energie aus meinen Händen floss. Nach etwa zehn Minuten löste sich die Engelerscheinung auf; die Energie hingegen verblieb spürbar im Behandlungszimmer.

Bei meiner nächsten Klientin besuchte mich ein prachtvoller smaragdgrüner Engel. Auch er hüllte mich in seinen Lichtmantel ein, und smaragdgrünes Licht strömte aus meinen Händen. Ein rubinroter Engel erschien bei der dritten Klientin und der gleiche himmlische Vorgang wiederholte sich. Hohe energetische Schwingungen, langsam in Sphärenklänge übergehend, erfüllten den Therapieraum während der Behandlung meiner vierten Klientin. Strahlendes, goldweisses Licht hüllte mich ein und ergoss sich in den gesamten Raum. Engel unterschiedlicher Grösse und Form, in herrlich schillernden, leuchtenden Farben erschienen im Raum. Es hatte den Anschein, als ob sich die Wände um mich herum in Licht auflösen würden. Soweit ich blickte, sah ich nur noch Engel, umgeben von Göttlichem Licht und Sphärenklängen. Höchstes Glück empfindend, fern ab von Zeit und Raum, fühlte ich mich in eine ganz neue, Göttliche Dimension gehoben. Für einen Augenblick wurde ich eins mit dem Licht, dann fühlte ich, wie ich sanft zurückgeführt wurde. Langsam schloss sich die Göttliche Dimension. Ich fand mich wieder im Therapieraum bei meiner Klientin, mich voller Dank fragend, womit ich diese grosse Gnade verdient habe. Heute weiss ich, dass dieser Tag meine Einweihung in die Engelenergie und Erzengelenergien war. Engel´s Reiki war in mein Leben getreten.

Bewusst bemerkten meine Klientinnen nichts von meinen himmlischen Erlebnissen, sprachen sich aber lobend über die als äusserst angenehm empfundenen Reikisitzungen an diesem Tag aus. Jahre später bemerkte ich jedoch, dass alle vier Klientinnen einen sehr spirituellen Lebensweg einschlugen. So wurde mir bewusst, dass die Geschehnisse an diesem Tage nicht nur mir, sondern auch ihnen galten. Dieser Tag wird mir bis in alle Ewigkeit in Erinnerung bleiben.

Engel werden zu meinen täglichen Begleitern und Lehrern

Einige Wochen nach meiner Reiki-Meistereinweihung war es mir möglich, jederzeit mit den Engeln zu kommunizieren. Zuerst musste ich mich daran gewöhnen, auch im Alltagsleben von Engeln umgeben zu sein und von ihnen unterrichtet zu werden. Heute könnte ich mir jedoch ein Leben ohne meine himmlischen Freunde nicht mehr vorstellen. Wenn ich ihre Unterstützung erbitte, sind sie immer für mich da, helfen mir bei der Erfüllung meiner Lebensaufgabe und ermahnen mich liebevoll dann, wenn ich vom Weg abzukomme drohe. Auf ganz besonders liebevolle Weise stehen sie mir während meiner spirituellen Arbeit bei.

Jesus Christus tritt in mein Leben

Jesus Christus offenbarte sich mir zum ersten Mal während einer Reikisitzung in einer Gestalt, die meinem inneren Bild von ihm entsprach. Sein Gesicht erstrahlte in silbrig-weissem, goldenem Glanz, und seinen Körper umhüllte magentafarbenes Licht. Eine Energie der Göttlichen, allumfassenden Liebe und des Friedens ging von ihm aus, erfüllte den Raum und zunehmend auch mich. Aufgrund des mir – während meiner Schulzeit in einem katholischen Internat eines Klosters - vermittelten Bildes eines grausamen und strafenden Gottessohnes, liess mich sein Erscheinen erschrecken. Gleichzeitig fühlte ich mich seines Besuches unwürdig. Jesus Christus teilte meine Bedenken jedoch nicht; vielmehr lehrte er mich in Liebe einen Weg der Geistheilung mit Hilfe der Christusenergie. Durch sein Erscheinen erhielt ich eine Einweihung in die Christusenergie. Allumfassende, Göttliche Liebe durchströmte mich, mein Herzchakra öffnete sich, ein Gefühl der absoluten Geborgenheit und des Einsseins mit Gott erfüllte mich, und alle meine Ängste lösten sich auf. Seit diesem Tag erschien mir Jesus Christus häufiger, um mich etwas zu lehren, mir Mut zu machen oder auch, um mich bei meiner spirituellen Arbeit zu unterstützen. Immer erfüllen mich seine Besuche mit grösster Dankbarkeit, Liebe und Frieden.

Engel's Reiki weist mir den Weg zur Erleuchtung

In der Zeit, in der ich das Wissen über Engel's Reiki aus den höheren Dimensionen empfangen durfte, begann sich mein gesamtes Leben nachhaltig und sehr lichtvoll zu verändern. Mit Engel's Reiki wurden zunehmend Aufgestiegene Meister zu meinen Lehrern. Jesus Christus, der mich den Weg der Liebe lehrte, und noch immer lehrt, veränderte mein Leben auf lichtvolle Art und Weise. Buddha führte mich zur Weisheit. Ich begann, mein volles Potenzial zu erfassen und sukzessive umzusetzen. Mein Bewusstsein entwickelte sich in einer

Schnelligkeit, wie ich es mir zuvor nicht habe vorstellen können. Ich erkannte, welche Lebensaufgabe meine Seele vor meiner Reinkarnation für dieses Leben gewählt hatte und wie ich diese mit Leichtigkeit und Freude umsetzen kann. Meine Energie wurde durch Engel's Reiki und dem damit verbundenen Reinigungsprozess sehr stark angehoben, und die Bedeutung der Lichtnahrung für meinen immer feinstofflicher werdenden Körper wurde mir bewusst. Meine Medialität intensivierte sich erheblich, und der innere Reinigungsprozess führte schliesslich zu einem Auflösen von Blockaden im Aussen. Ich erkannte,

***dass unser Aussen wirklich
nur Spiegel unseres Inneren ist.***

Ich durfte mit meiner Dualseele zusammen finden und darf Hand in Hand mit meinem geliebten Mann unseren spirituellen Lebensweg begehen. Heute erfülle ich meinen Teil am Göttlichen Plan mit grösster Freude im Herzen. Ich bin mir meiner eigenen Göttlichen Grösse sowie der eines jeden einzelnen Menschen bewusst und vollbringe mit Leichtigkeit Leistungen, die für mich noch vor ein paar Jahren unvorstellbar gewesen wären. Da ich heute meine Berufung lebe, ebnen sich mir die Wege wie von selbst und meine Lebensenergie wächst täglich. Mich erfüllt grosse Dankbarkeit, dass ich die Gnade hatte, Engel's Reiki empfangen zu dürfen und nun diese so lichtvolle Methode den Menschen weitergeben darf.

Liebe Leserin, Lieber Leser

Engel's Reiki ist ein Geschenk des Lichts
Nehme dieses Geschenk in Liebe und Dankbarkeit an.

Anisis

Einleitung

Ich nutze im Folgenden das vertraute Du, um Dir in Offenheit, Liebe und Vertrauen zu begegnen, und um Dich in geistiger Verbundenheit anzusprechen.

Wie entstand Engel's Reiki ?

Die Methode Engel's Reiki wurde mir durch Engel und in der Folge auch durch Aufgestiegene Meister, insbesondere Jesus Christus und Buddha, offenbart. Zunächst war ich der Auffassung, dass das Übermittelte ausschliesslich meiner eigenen Bewusstwerdung diene. Erst später erkannte ich, dass mir ein neuer Weg der Transformation, Lichtwerdung, bis hin zur Erleuchtung gelehrt wurde, der nicht alleine für mich, sondern für jeden Menschen, der dies in seinem Herzen wünscht, bestimmt ist. Jahre später erkannte ich: „Engel's Reiki wurde bereits im alten Atlantis gelehrt". Für meine Aufgabe, Engel's Reiki empfangen und lehren zu dürfen, wurde ich während vieler Leben vorbereitet. Zuletzt in diesem Leben durch die Energien von Engel's Reiki, die meinen Körper und dessen Energiefeld reinigten, mein Bewusstsein stark anhoben, so dass ich meine lichtvolle Bestimmung erfüllen kann.

Was ist Engel's Reiki ?

Engel's Reiki ist eine Methode der Lichtwerdung, die uns in Liebe lehrt, wie wir die Göttlichen Energien der Krafttiere, der Engel, der Erzengel, der Aufgestiegenen Meister – insbesondere die Christus- und Buddhaenergie – sowie kurz vor der Erleuchtung die Reine Göttliche Energie zur Reinigung, Transformation und Bewusstwerdung auf sehr einfache Art und Weise nutzen dürfen.

Was bewirkt Engel's Reiki ?

Engel's Reiki bewirkt eine schnelle und zugleich schonende Reinigung, sowohl des grobstofflichen, als auch der feinstofflichen Körper. Dadurch werden energetische Blockaden im Inneren aufgelöst bzw. transformiert; das Erleben im Aussen ändert sich auf lichtvolle Weise: Wir manifestieren Glück und Erfüllung in unserem Leben. Gleichzeitig schreiten wir in der Bewusstwerdung zügig voran und beginnen, unsere Berufung zu erkennen und zu leben. Engel's Reiki lässt jeden, soweit es sein Inneres zulässt, in Liebe zu seiner vollen Grösse erblühen. Diese Entwicklungsprozesse, die sich zumeist in nur kurzer Zeit vollziehen, werden ermöglicht durch die Arbeit mit den Energien aus einer höheren Dimension. Die Göttlichen Energien der Liebe und Gnade sind stark reinigend, transformierend und vermögen Karma direkt aufzulösen. Engel's Reiki vollzieht sich in sieben Phasen – bis hin zur Erleuchtung. Jeder Phase sind besondere Energien zugeordnet, welche einen spezifischen Bewusstseinsschritt bewirken. Begleitet werden wir auf diesem Weg von lichtvollen Helfern. Durch die Arbeit mit den Energien aus einer höheren Dimension nimmt unsere Medialität zu. Unsere himmlischen Begleiter können immer besser direkt mit uns in Kontakt treten und werden so zu unseren geistigen Lehrern. Je mehr wir uns ihnen öffnen und an unserem spirituellen Wachstum mit Engel's Reiki arbeiten, desto schöner und harmonischer wird unser Leben verlaufen. Mit der Zeit erweitert sich das Bewusstsein immer mehr und die Schwingung verfeinert sich dadurch so stark, dass auch Du direkt mit den Engeln und anderen Lichtwesen kommunizieren kannst. Göttliche Dimensionen werden sich Dir öffnen, für deren Schönheit es keine entsprechenden Worte gibt. Unsere lichtvollen Helfern sind immer um uns und wollen uns beistehen – wir müssen ihre Hilfe nur zulassen. Es ist ihre Göttliche Mission, möglichst viele Menschen in Liebe zu leiten und ihnen zu helfen, damit sie ihre Berufung leben können und sie Glück und Erfüllung in ihrem Leben manifestieren.

Nimm diese Göttliche Hilfe der Liebe an, und Dein Leben wird sich lichtvoll wandeln. Sei Dir bewusst, dass die Erhöhung jeder einzelnen Schwingung die Energie unseres Planeten Erde sowie der gesamten Schöpfung erhöht und uns dem Himmel auf Erden ein Stück näher bringt.

Geistige Helfer auf dem Weg zur Göttlichen Quelle

Gott
Die Quelle allen Seins

Erzengel   Aufgestiegene Meister

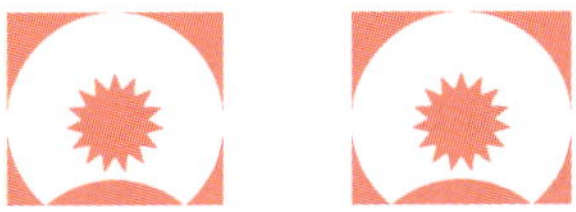

Engel   Aufgestiegene Meister

Geistige Führer   Krafttiere   Naturengel

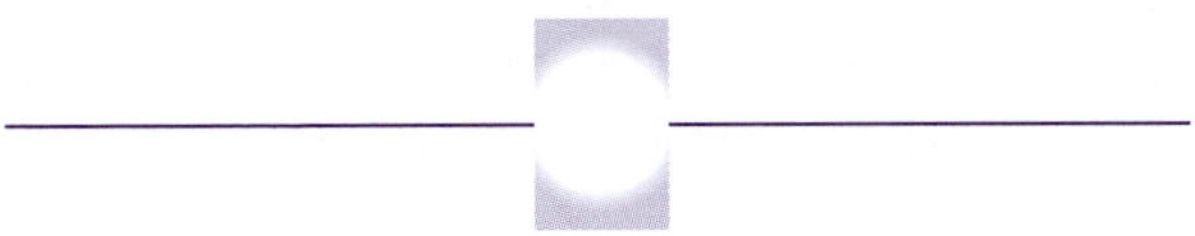

Die Grundaura des erleuchteten Menschen.

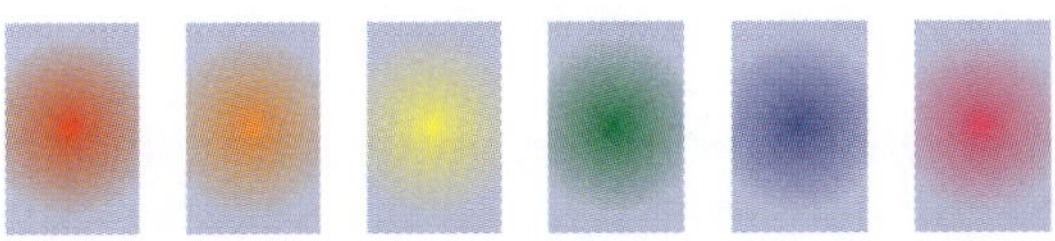

Die 7 Stufen der menschlichen Grundaura des Menschen auf dem Weg zur Erleuchtung.

Unsere himmlischen Helfer

Wir alle sind von lichtvollen, feinstofflichen Helfern umgeben; Göttliche Wesen mit einer sehr hohen Schwingung. Ihre Aufgabe ist es, uns bei der spirituellen Entwicklung zu unterstützen, unsere Schwingung zu erhöhen, uns zu leiten und zu schützen. Je weiter sich ein Mensch spirituell entwickelt hat, um so feinstofflicher ist sein Energiefeld, und desto mehr Lichtwesen stehen ihm auf seinem verbleibenden Weg bis hin zur Erleuchtung helfend zur Seite. Daraus ist jedoch keine bevorzugte Behandlung des Menschen durch Gott abzuleiten. Vielmehr bringt Gott allen Lebewesen das gleiche Mass an Liebe entgegen. Die Art der Unterstützung ist jedoch abhängig vom jeweiligen spirituellen Entwicklungsstand des Menschen. Um dies menschlich darzustellen: Auch in unserer Dimension benötigt ein Säugling eine andere Art der Unterstützung als ein Student kurz vor dem Hochschulabschluss. Da Du den inneren Wunsch nach Erleuchtung verspürst, stehst Du sozusagen kurz vor Deinem Hochschulabschluss und benötigst umfangreiche geistige Hilfe. Diese ist jedoch an Geistige Gesetze gebunden.
So dürfen die himmlischen Helfer nie gegen unseren Willen in unsere spirituelle Entwicklung und damit unseren Lebensweg eingreifen; Voraussetzung ist, dass wir Hilfe erbitten und offen für sie sind.
Zwischen uns und den Göttlichen Wesen, die uns liebevoll begleiten, besteht ein energetisches Gleichgewicht. Indem wir unsere Schwingung erhöhen, erhöht sich auch die Energie unserer Helfer. Wir geben sozusagen die Energie, die wir erhalten haben, zurück, indem wir an unserer Erleuchtung arbeiten und erhöhen so die Energie aller. Es gilt auch hier der Grundsatz „Energie gegen Energie“. Ungeachtet dessen sollten wir der geistigen Welt regelmässig Dank und Anerkennung zuteil werden lassen.

Erste Kontakte

Zu allen Zeiten der Menschheit gab es spirituell hochentwickelte Menschen, die mit der geistigen Welt in direktem Kontakt standen. In der heutigen Zeit, in der zahlreiche, sehr lichtvolle Seelen auf der

Erde reinkarniert sind, ist dies immer mehr Menschen möglich. Sicherlich durftest Du die Existenz Deiner himmlischen Freunde auch schon spüren oder sie sogar visuell wahrnehmen. Im Laufe Deiner spirituellen Entwicklung werden sich zahlreiche Blockaden in Deinem grobstofflichen Körper, Deinen Chakren und Deiner Aura lösen, und Deine Schwingung wird sich erheblich verfeinern. Damit gelangst Du allmählich auf eine Schwingungsebene, auf der die Lichtwesen, die Dich begleiten, direkt mit Dir in Kontakt treten können.

Welche Art von Lichtwesen Du zuerst wahrzunehmen vermagst, ist abhängig von der Entwicklung Deiner Chakren, Deiner Schwingung und Deiner spirituellen Aufgabe in diesem Leben und daher sehr individuell. Immer sind dies jedoch wunderschöne, Göttliche Momente, für die es keine Worte gibt, um sie adäquat zu beschreiben; Du kannst und darfst sie selbst erleben. Auch die Art Deiner ersten Wahrnehmung ist sehr individuell, da sie mit Deiner spirituellen Entwicklung korrespondiert. Einige Menschen vernehmen zunächst Stimmen oder himmlische Musik, andere wiederum nehmen Göttliches Licht, Farben oder direkt wunderschöne, lichtvolle Gestalten wahr. Wieder andere riechen himmlische Düfte oder unsere himmlischen Freunde erscheinen uns zuerst in unseren Träumen. So einzigartig wie Du bist, so einzigartig ist auch der Weg Deiner übersinnlichen Wahrnehmung.

Viele Menschen haben Ihre erste übersinnliche Begegnung mit der geistigen Welt in Gefahrenmomenten oder in tiefer seelischer Verzweiflung. Der Grund liegt darin, dass sie in Ihrer Not Gott oder die geistige Welt aus einem inneren Wissen heraus intensiv um Hilfe bitten. Indem sie dies tun, öffnen sie sich dem Licht und heben dadurch ihre Schwingung momentan stark an. Die geistige Welt findet direkten Zugang, hilft und kann deutlich wahrgenommen werden.

Erste direkte Wahrnehmungen finden weiterhin in meditativen Zuständen, wie z.B. tiefer Meditation, Versunkenheit in ein Gebet, Formen der Geistheilung, im Gefühlszustand des Einsseins mit der Natur, bei sportlicher Ekstase etc. statt. All dies bewirkt, dass kurzfristig die Energie in eine Frequenz angehoben wird, in der man zum Kanal wird und somit Zugang zu den höheren geistigen

Ebenen erlangt. Du kannst Dir den Vorgang wie bei einem Radio vorstellen. Die Radiowellen frequentieren den Äther permanent. Das Radio jedoch empfängt den Sender nur, wenn es auf den entsprechenden Kanal eingestellt ist. Ernsthaft abzuraten ist jedoch vom Drogenkonsum jeglicher Art mit dem Ziel der Erweiterung des Bewusstseins. Zwar gab es Kulturen, die es meisterhaft verstanden, mit Hilfe von bewusstseinserweiternden Drogen spirituelle Wahrnehmung zu erzielen. Ihre Rituale stammten jedoch aus uralter Überlieferung und standen unter strengster Kontrolle religiöser Führer. Die Einnahme von Drogen kann zwar momentan unsere Schwingung so verändern, dass spirituelle Wahrnehmung möglich wird, jedoch nimmt man, ausser wenn uns die geistige Welt zur Umkehr bewegen will, keine feinstofflichen Wesen des Lichts wahr, sondern vielmehr Geschöpfe niedriger Schwingung, deren Ziel nicht unsere Führung ins Licht ist, sondern unsere Zerstörung. Das Aurabild eines spirituell entwickelten Menschen ist gross, stark und strahlt in leuchtendem violett bis weiss. Die Aura eines Menschen, der Drogen konsumiert, zeigt sich auf einem Aurabild klein, schwach und in trübem violett. Ich erschaudere, wenn ich die Auren von Menschen betrachte, die starke Drogen nehmen, da sie eine grosse Anzahl von Wesen der Finsternis beherbergen. Man könnte sagen, sie sind im wahrsten Sinn des Wortes „besessen". Aber auch für diese Menschen besteht jederzeit die Möglichkeit, sich dem Licht zuzuwenden.

Mit zunehmender spiritueller Entwicklung, mit der immer ein Bewusstseinswachstum einhergeht, wird unser Energiefeld so feinstofflich, dass wir in eine Schwingungsfrequenz gelangen, in der uns der ständige direkte Kontakt mit der geistigen Welt möglich wird. Es ist also nicht sinnvoll, übersinnliche Wahrnehmung erzwingen zu wollen; alles geschieht in der für uns rechten Zeit.

Es gibt jedoch auch Menschen, die sich diese Stufe des Bewusstseins bereits in einem anderen Leben erworben haben und bereits mit dieser hohen, feinstofflichen Schwingung geboren worden sind. Ein sehr schönes, eindrucksvolles Beispiel dafür bot sich mir vor einigen Jahren. Während einer Ausstellung kam eine Mutter mit ihrem kleinen, ca. 5 jährigen Sohn wegen einer Aurafotografie an unseren Stand. Obwohl ich damals noch nicht die Stufe meiner

heutigen Aurasichtigkeit besass, sah ich sofort, dass der Junge förmlich leuchtete. Das Aurabild ergab eine wunderschöne, sehr feinstoffliche weiss-violette Aura. Ich erklärte der Mutter das Bild und meinte, dass ihr Sohn gemäss seiner Schwingung eigentlich die geistige Welt direkt wahrnehmen müsse. Sie erzählte mir, dass Ihr Sohn tatsächlich regelmässig mit den Engeln sowie mit seinem verstorbenen Bruder freudig in seinem Kinderzimmer spiele und ihm dies als völlig natürlich erschiene.
In meiner beruflichen Praxis sind mir in den letzten Jahren viele Menschen, unabhängig von Geschlecht, Alter oder Beruf begegnet, die bereits fähig waren, direkt mit der geistigen Welt zu kommunizieren. Meine Engel sagten mir, dass heute jeder dritte Mensch dazu fähig wäre und dass die Zahl sich in den nächsten Jahren noch vervielfachen werde.
Jeder Mensch kann also seine Schwingung so verfeinern, dass er zum Göttlichen Kanal, zum Göttlichen Medium wird und so die Unterstützung der geistigen Welt noch besser nutzen kann.
Wir alle sind Göttliche Wesen und tragen daher diese Göttliche Veranlagung in uns.

Lichtwesen

Energetische Wesen des Lichts

Energetische Wesen des Lichts bestehen aus reiner Göttlicher Energie. Sie verfügen weder über einen grobstofflichen noch über einen feinstofflichen Körper. Um sich uns zu zeigen, sind sie jedoch in der Lage, eine Erscheinungsform anzunehmen, in der sie für uns wahrnehmbar sind. Sie sind multidimensional, das heisst, sie können zugleich an verschiedenen Orten und in verschiedenen Dimensionen wirken. Alle Engel sowie die Aufgestiegenen Meister sind rein energetische Wesen; sie bestehen also nur noch aus reiner Göttlicher Energie.

Engel – Strahlen der Liebe Gottes

„Engel helfen durch ihre Energie der Göttlichen Liebe“

Während der Arbeit an diesem Buch fragte ich einmal die Engel, die mich beim Schreiben unterstützten: „Bitte sagt mir, wer oder was seid ihr, wie könnte ich euch definieren?“ Sie antworteten mir: „Wir sind die Strahlen der Liebe Gottes.“ Dies ist eine umfassende Beschreibung ihres Seinszustandes. Im Folgenden möchte ich versuchen, diese kurzgefasste Definition näher zu erläutern. Engel sind energetische, Göttliche Wesen, die dem Licht dienen. Sie wirken nicht nur auf der Erde, sondern im gesamten Universum, indem sie helfen, die Göttliche Ordnung aufrecht zu erhalten.

Diese himmlischen Helfer zeigen sich uns als Göttlich schöne Wesen, die eine sehr hohe Schwingung der Göttlichen Liebe ausstrahlen und unsere Energie erhöhen. Dabei sind sie nicht an eine bestimmte Gestalt gebunden. Vielmehr erscheinen sie uns so, dass sie für uns schön und annehmbar sind, uns nicht erschrecken und somit optimalen Zugang zu uns finden. Verschiedene Epochen und Kulturen sahen und beschrieben daher Engel auch in unterschiedliche Art und Weise. In der Regel wurden sie jedoch als Wesen mit Flügeln wahrgenommen. Diese dienen aber nicht dem Fliegen im herkömmlichen Sinne, sondern sind als Merkmal ihrer Art zu sehen. Viele hellsichtige Menschen dieser Zeit, so auch ich und vielleicht auch Du, nehmen Engel als leuchtende, wunderschöne, lichtvolle Wesen mit Flügeln in verschiedenen Grössen, Farben und Formen wahr, deren Lichtintensität unterschiedlich stark ist. Sie leuchten und strahlen, ähnlich der Sonne, jedoch ohne zu blenden. Auffallend ist, dass ihre Gesichter so stark leuchten, dass man ihre wunderschönen Konturen nur erahnen kann. Oftmals schweben Engel leicht über dem Boden und sind dabei nicht an räumliche Begrenzungen gebunden. Sie zeigen sich uns, gemäss ihrer individuellen Energien, in gold- oder silberweiss leuchtendem Licht, in prachtvollen Farben des gesamten Farbspektrums oder sie schimmern in allen Regenbogenfarben. Sie erscheinen einzeln, paarweise oder auch in Gruppen. Dabei sind sie oft umgeben von himmlischer Musik und sehr hohen, jedoch immer angenehmen Schwingungen. Stets verbreiten sie ein Gefühl der absoluten Göttlichen Liebe und Glückseligkeit.

Auch bei den Engeln gibt es verschieden hohe Schwingungen, die so genannten Engelhierarchien, denen unterschiedliche Aufgaben entsprechen. Alle Engel, die uns umgeben, haben die Göttliche Aufgabe, uns auf dem spirituellen Weg zu unterstützen, zu helfen und zu schützen. Je feinstofflicher wir strahlen, umso mehr Engel können und werden uns zu Hilfe eilen. Ein Engel, der uns immer treu begleitet, gleich wie oft wir die falsche Richtung einschlagen, ist unser Schutzengel. Andere Engel wiederum unterstützen uns während einzelner Lebensphasen, um dann von weiteren Engeln, entsprechend einer neuen Lebensphase oder Aufgabe, also einer neuen Energie, abgelöst zu werden. Auch ihre Zahl kann in Abhängigkeit von der jeweiligen Begebenheit – so wie Du es zu Deinem Wohle brauchst – unterschiedlich sein. Mich unterstützen z.B. bei Seminaren und Vorträgen sehr viele Engel. Während der Arbeit in meiner Praxis war deren Anzahl von meinen Klienten abhängig.

Beim Schreiben von Engel's Reiki halfen mir stets die gleichen leuchtend weissen Engel. In meiner Freizeit kann ich manchmal nur noch meinen Schutzengel bewusst wahrnehmen. Trotzdem weiss ich, dass ich immer in vollkommener Weise beschützt bin. Es gibt also Engel, deren Auftrag es ist, uns zu schützen und daher immer um uns zu sein. Andere wiederum haben den Auftrag, uns auf unserem spirituellen Weg beizustehen, und bei der Umsetzung des Göttlichen Plans behilflich zu sein. Sie sind daher nur zeitweise bei uns. Du wirst immer von den Engeln begleitet, die Du in Deiner momentanen Schwingung am Nötigsten brauchst. Engel haben eine so hohe feinstoffliche Schwingung, dass sie Karma aufzulösen vermögen, wenn wir sie reinen Herzens darum bitten. Obwohl Engel sich uns auch mitteilen können, liegt der Schwerpunkt ihres Wirkens in der Lichtarbeit.

In der Vergangenheit vereinzelt, heutzutage vermehrt, geschieht es, dass Engel, um die Schwingung der Erde zu erhöhen, freiwillig als Mensch reinkarnieren. Solche menschgewordene Engel verfügen über eine sehr feinstoffliche Schwingung und zahlreiche, angeborene, übersinnliche Fähigkeiten. Da sie jedoch auch in Menschengestalt noch für diese Erde eine fast zu hohe Schwingung haben, reagiert ihr Energiesystem auf Störfaktoren von Aussen sehr sensibel. Um ihre Berufung optimal erfüllen zu können, brauchen solche Menschen in ihrem Leben viel Harmonie. Da sie auch als Mensch noch die gleichen energetischen Grundmuster wie ein Engel aufweisen, sind sie sehr gut als Engelsmedium geeignet. Ob Du auch ein reinkarnierter Engel bist, spürst Du in Deinem Inneren oder aber die geistige Welt wird es Dir zu gegebener Zeit mitteilen.

Unser Schutzengel

Wir alle haben mindestens einen Schutzengel. Er hat die Aufgabe uns zu schützen, und er begleitet uns durch dieses, manchmal auch durch weitere Leben. Er bleibt uns immer treu, gleich wie tief wir energetisch absinken oder wie hoch wir auch aufzusteigen vermögen. Unser Schutzengel kann uns jedoch nur in optimaler Weise helfen, wenn wir uns ihm energetisch öffnen, ihn also in unser Leben miteinbeziehen. Wenden wir uns von ihm ab, so schwächen wir dadurch seine Energie, und er kann uns in Gefahrensituationen nicht mehr optimal schützen. Manche Menschen haben eine sehr innige Beziehung zu ihrem Schutzengel. Es ist daher naheliegend, dass er für viele der erste Engel ist, den sie bewusst wahrnehmen. Wenn ich mich in der geeigneten Schwingung befinde, kann ich die Schutzengel meiner Mitmenschen sehr gut erkennen. Jeder ist einzigartig in Gestalt, Farbe und Schwingung, vergleichbar der

Individualität ihrer Schützlinge. Oft sehe ich auch Menschen, die von ihrem Schutzengel von hinten wie in einen Lichtmantel gehüllt werden. Dies geschieht meist in schwierigen Lebensphasen, in denen wir besonders viel Schutz, Zuwendung und Liebe benötigen. In solchen Momenten vermögen Menschen die Existenz ihres Schutzengels am deutlichsten zu spüren.

Erzengel

Erzengel sind Engel mit einer sehr hohen, machtvollen, Göttlichen Schwingung, die der Göttlichen Quelle sehr nahe sind und jeweils einen speziellen Aspekt Gottes verkörpern. Ihr Erscheinen in der Gestalt eines Engels ist sehr selten. Das geschieht nur vereinzelt bei den Menschen, die eine sehr spezielle, spirituelle Mission für ihr irdisches Dasein gewählt haben und bewirkt bei den jeweiligen eine energetische Einweihung.

Aufgestiegene Meister

„Wirken durch ihre Energie und sind spirituelle Lehrer"

Aufgestiegene Meister sind energetische Wesen des Lichts, die der Göttlichen Quelle sehr nahe stehen und eine ähnlich hohe, lichtvolle Schwingung wie die Erzengel haben. Viele von ihnen waren bereits als Mensch reinkarniert. Wenn für Dich die Zeit gekommen ist, werden auch Aufgestiegene Meister zu Deinen spirituellen Lehrern werden. Sie erscheinen meist in menschlicher Gestalt, ähnlich den Geistigen Führern. Da sie jedoch von einer viel lichtvolleren Energie erfüllt sind, erstrahlen sie sehr intensiv in der Göttlichen, alles umfassenden Liebe; sie transformieren und heilen alleine durch ihr Erscheinen. Ich erachte es immer als ganz besondere Gnade, von einem solchen Meister aufgesucht zu werden. Besonders, wenn Christus, Maria oder Buddha in strahlender, lichtvoller, unbeschreiblich schöner Gestalt erscheinen und mit mir sprechen, erfüllt mich ein Gefühl der absoluten Glückseligkeit. Ich fühlte und fühle mich auch heute noch ihres Besuches nicht für würdig. Aber die Geistige Welt scheint uns oft höher einzustufen als wir uns selbst; ihre Liebe ist unermesslich.

Mit Aufgestiegenen Meistern zu sprechen und ihre Energie zu spüren, ist immer ein einzigartiges Erlebnis, das nicht in Worte zu fassen ist. Du musst und wirst es selbst erleben, wenn die Zeit für Dich gekommen ist.

Feinstoffliche Wesen des Lichts

Feinstoffliche Wesen sind dadurch gekennzeichnet, dass sie nicht wie wir Menschen über einen grobstofflichen, sondern über einen feinstofflichen Körper verfügen. Sie sind unabhängig von Zeit und Raum und vermögen daher in verschiedenen Dimensionen, wie auch an unterschiedlichen Orten, gleichzeitig zu wirken. Ihre Energien sind verschiedener Art.

Geistige Führer

„Hilfe durch konkrete Führung"

Wie Du weisst, bist Du von mehreren Geistigen Führern - auch Geistführer genannt - umgeben. Manche von ihnen begleiten Dich bereits seit dem Moment Deiner Reinkarnation und stehen Dir bis zu Deinem Tode zur Seite. Andere wiederum kommen im Laufe Deines Lebens hinzu, so dass Du in verschiedenen Lebensphasen von verschiedenen Geistigen Führern begleitet wirst. Manche von ihnen kennst Du aus vergangenen Leben, in denen sie noch in menschlicher Gestalt mit Dir in Liebe verbunden waren. Je höher Deine Schwingung ansteigt, um so spirituell höher stehende Wesen werden Dir als Geistführer beistehen. Sicherlich haben Deine Geistführer schon versucht, mit Dir in Kontakt zu treten. Geistige Führer sind Wesen, die in der Regel Reinkarnationen als Mensch gelebt haben, inzwischen jedoch durch Erleuchtung nicht mehr in einem grobstofflichen Körper wiedergeboren werden müssen, sondern sich als geistiges Wesen weiterentwickeln. Sie haben die Aufgabe, Dich und andere Menschen auf ihrem spirituellen Weg zu unterstützen und ins Licht zu führen. Es stehen ihnen dabei die Erfahrung und Weisheit ihrer vergangenen Leben zur Verfügung. Da diese begrenzt sind, sind sie nicht gänzlich unfehlbar.
Vielleicht wirst Du anfangs nur ihre Anwesenheit spüren, ihre

Umrisse erahnen oder ihre Stimmen undeutlich verstehen.
Je mehr Du jedoch mit ihnen kommunizierst, um so besser wird die Verständigung. Mit der Zeit wirst Du Deine Geistigen Führer in der Form eines schönen, leuchtenden Menschen oder aber auch in reiner Lichtgestalt wahrnehmen können und in der Lage sein, Dich mit ihnen zu unterhalten. Da sie meist auch schon auf der Erde reinkarniert waren, verstehen sie unsere Probleme und Ängste sehr gut und vermögen, uns in einer sehr konkreten Art und Weise zu beraten. Geistige Führer haben die Macht, in die Materie einzugreifen. Sie vermögen sich so weit zu verfestigen, dass sie Dich liebevoll anstossen können, um Dich auf etwas aufmerksam zu machen – z.B. Dir ein Buch, das Du im Hinblick auf Deine spirituelle Entwicklung kaufen oder lesen solltest, vor Deine Füsse fallen zu lassen. In der Tat sind unsere Geistführer sehr einfallsreich, wenn es darum geht, uns in Liebe zu führen. Dabei sind jedoch auch sie an die Geistigen Gesetze gebunden und dürfen uns nur soweit helfen wie wir ihre Hilfe zulassen.
Mache Deine Geistigen Führer zu Deinen besten Freunden, freue Dich über deren Hilfe und nimm sie dankbar an. Ich kenne zahlreiche Menschen, die bereits in der Lage sind, ihre Geistführer wahrzunehmen und mit ihnen direkt zu kommunizieren. Mir sind und waren meine Geistigen Führer immer eine grosse Hilfe. Manchmal führe ich zwar ernsthafte Diskussionen mit ihnen, weil sie mein Leben aus einer anderen Perspektive sehen als ich; doch schlussendlich überzeugen sie mich mit ihrer so genannten „höheren Sichtweise“. Du wirst auch feststellen, dass Deine Geistführer sich Dir mit der Zeit nicht nur während Meditationszuständen zeigen, sondern auch im Tagesgeschehen. Du gewinnst mit dem Kontakt zu Deinen Geistigen Führern also wahrhaft Geistige Freunde, die Dich auch in weltlichen Dingen gut und gerne beraten; dabei haben sie Verständnis für Deine menschlichen Schwächen. Einige von ihnen verfügen gar über einen ausgeprägten Humor. Wenn Du Deine Schwingung erhöhst, ermöglichst Du auch Deinen Geistigen Führern ihre Energie zu erhöhen. Deine Entwicklung ist also eng mit der ihren verknüpft; blockierst Du Deinen Weg, so blockierst Du damit auch den ihren. Sie werden also alles daran setzen, Dir zu helfen, dass Du auf Deinem spirituellen Weg vorankommst, um

Deine Berufung zu erfüllen.
Sollte Dir ein Bereich Deines Lebens besonderen Kummer bereiten, so hast Du das Göttliche Recht, Dir einen Geistigen Führer zu Hilfe zu rufen. Dein Wunsch wird sofort erfüllt werden, sofern er Deinem Herzen entspringt. Bist Du in einem therapeutischen Beruf tätig, so kannst Du um einen Geistführer mit therapeutischen Wissen bitten, Dich zu unterstützen. Solltest Du in einem künstlerischen Beruf stehen, so bitte um einen Geistführer mit künstlerischer Erfahrung. Brauchst Du als erziehende Mutter oder Vater Unterstützung, so gibt es auch für Dich den entsprechenden Geistführer. Auch im Falle von Schwierigkeiten technischer Art steht Dir entsprechende Hilfe zur Verfügung.
Selbst mir, einem Menschen mit vielen spirituellen Fähigkeiten, bereitet z.B. das Geschäftsleben in Teilbereichen Mühe. Obwohl ich seit Geburt von meiner Geistführerin Elenora unterstützt werde, die sich in mütterlicher Weise um mich kümmert – und mir darüber hinaus in therapeutischen sowie geistigen Belangen sehr weise Geistführer zur Seite stehen – wurde mir vor geraumer Zeit bewusst, dass ich für den geschäftlichen Sektor meines Lebens zusätzliche Hilfe brauche.
Seminare, therapeutische Sitzungen, Workshops und Ausstellungen, aber auch die Betreuung von Klienten stellten immer höhere Anforderungen an mich, denen ich mich irgendwann nicht mehr gewachsen fühlte. Die für das Geschäftsmanagement verwandte Zeit hätte ich oftmals lieber in meine geistige Arbeit investiert. Also bat ich die Geistige Welt um Hilfe: „Ich brauche einen fähigen geistigen Führer, der sich bestens in geschäftlichen sowie finanziellen Belangen auskennt." Daraufhin trat der Geistführer Jack in mein Leben. Von diesem Moment an hat sich mein Management erheblich verbessert. Ich gestehe, dass ich Jack, den ich nicht mehr missen möchte, grossen Dank schulde.
Sein Leitspruch für mich lautet: „Willst Du Grosses erreichen, dann stosse Dich nicht am Kleinen." Immer mehr versuche ich seinem Rat zu folgen. Bitte bedenke immer, dass Deine Geistigen Führer nicht die Aufgabe haben, Dir alle Probleme aus dem Weg zu räumen. Vielmehr sind sie Dir bei deren Bewältigung behilflich, sodass Du an ihnen wachsen kannst.

Krafttiere

*„Helfen durch energetische Hilfe
vor allem auch auf der körperlichen Ebene"*

Insbesondere in den indianischen Kulturen spielten Krafttiere eine bedeutende Rolle. An deren Existenz glaubte ich erst, nachdem ich sie wahrnehmen durfte. Krafttiere sind feinstoffliche Wesen mit hoher Schwingung, die sich aber nicht in menschlicher Gestalt zeigen, sondern in unterschiedlichen lichtvollen Farben einer Tiergestalt erstrahlen. Jeder von uns wird zumindest von einem Krafttier, welches ihm energetisch zur Seite steht, begleitet. Manche Menschen werden auch von mehreren solcher lichtvoller Helfer beschützt. Krafttiere verfügen über Heilenergie und können uns bei unserer Heilung und Transformation unterstützend zur Seite stehen. Vor allem in Phasen körperlicher Erschöpfung vermögen sie uns innerhalb kurzer Zeit neue Energie zu spenden.

Naturengel

Über Naturengel und deren Aufgabe kann ich Dir leider nur sehr wenig berichten. Ich scheine mich in einer Schwingungsebene zu befinden, in der ich sie nur gelegentlich und nur über einen kurzen Zeitraum wahrzunehmen vermag. Naturengel sind, wie schon der Name sagt, mit den Energien der Natur verbunden. Sie sind gewissermassen die Schutzengel der Pflanzen, Tiere, Mineralien – des gesamten Naturreiches und erscheinen in verschiedenen Gestalten und Farben. Wir kennen sie beispielsweise als Elfen, Feen und Zwerge, aus Sagen, Märchen und Legenden. Wahrzunehmen sind sie am besten in Wäldern, Parks mit altem Baumbestand, an Bächen, aber auch im Gebirge. Als weise Lichtwesen vermögen sie naturverbundenen Menschen hilfreiche Freunde zu sein, da sie über Heilkräfte verfügen und ein umfangreiches Wissen im Hinblick auf Heilkräuter und Mineralien besitzen.

Wesen der Dunkelheit

Natürlich sind auch die Wesen der Dunkelheit in ihrem Ursprung Göttlich. Als die Polarität erschaffen wurde, verdunkelten sehr lichtvolle Wesen ihr Licht, um den Seelen zu ermöglichen, sich in Licht und Schatten zu erfahren. Nun sind diese Wesen im Schatten gefangen. Wenn Du diesen Schattenwesen helfen willst, sich wieder zu erinnern, dass sie Göttlich sind, so erstrahle selbst in Dir und Deinem Leben immer mehr in Licht und Liebe.

Nur die Macht der Liebe
vermag Dämonen in Engel zu verwandeln

Sei Dir aber bitte auch bewusst, dass auch die Dunkelheit ihre Macht ausübt. Sie wird Dich oft in Versuchung führen, ob Du Deinem Weg ins Licht treu bleibst. So gesehen, sind auch die dunkeln Mächte Helfer unserer Seele. Geben wir uns aber dem Dunkeln hin, so wird es versuchen, uns zu vernichten, denn das ist seine Aufgabe in der Polarität.
Dunkle Energien erkennst Du immer an ihrer eiskalten Schwingung. Dein Herzchakra zieht sich zusammen. Selbst wenn Dir ein solches Wesen in der Form eines Engels erscheinen würde, dass Göttliche in Dir würde das Dunkle erkennen. Sei Dir auch bewusst, solange Du dem Licht dienen möchtest, bist Du immer von vielen Lichtwesen umgeben, geleitet und geschützt.
Wenn Du manchmal mit dem Dunkeln in Dir und ausserhalb von Dir konfrontiert wirst, so brauchst Du keine Angst zu haben. Besinne Dich einfach, dass Du in Deiner Essenz Göttlich bist. Sprich in solchen Momenten laut oder in Gedanken die Worte:

Ich bin Göttliches Licht
Ich bin Göttliches Licht
Ich bin Göttliches Licht

Diese Worte lassen Dich aus Deiner Göttlichkeit heraus in Licht und Liebe erstrahlen. Sie sind so machtvoll, dass alle dunkle Energien sich sofort zurückziehen.

Individuelle Entwicklung Deiner sogenannten übersinnlichen Fähigkeiten

Da jeder Mensch ein einzigartiges, Göttliches Wesen ist, verläuft auch die Entwicklung seiner übersinnlichen Fähigkeiten stets individuell. Jeder Mensch ist mit zunehmender Entfaltung seines Bewusstseins, und damit einhergehender steigender Schwingung, zu übersinnlicher Wahrnehmung fähig. Desto mehr wir an unserem Bewusstsein arbeiten und negative Muster transformieren, umso feiner wird unsere Wahrnehmung. Welche Fähigkeiten zuerst aktiviert werden, ist abhängig von unserem spirituellen Auftrag für dieses Leben. Du wirst immer zu dem für Dich richtigen Zeitpunkt das wahrnehmen, was für Deine spirituelle Entwicklung förderlich ist. Durch kontinuierliche Übung können die übersinnlichen Fähigkeiten zwar geschult, ihre Entwicklung jedoch nicht erzwungen werden. Gehe verantwortungsvoll mit Deinen Fähigkeiten um, damit sie Dir und anderen zum Segen gereichen. Werte die Spiritualität Deiner Mitmenschen nicht; jeder von uns ist einzigartig, ist Bestandteil des Ganzen und hat seine individuelle Aufgabe im Göttlichen Plan.
Ich möchte Dir im Folgenden einen Überblick über einige der häufigsten übersinnlichen Fähigkeiten geben.

Hellfühlen

Unter Hellfühlen versteht man die Fähigkeit, Energien, gleich in welcher Form, sehr gut wahrnehmen zu können. So vermag ein Mensch, bei dem diese Fähigkeit ausgebildet ist, beim Betreten eines Raumes die dort vorhandene Energie sehr intensiv zu spüren. Gleiches gilt auch für die Wahrnehmung der Energien anderer Menschen. Ein Hellfühlender vermag sich sehr gut in andere Menschen einzufühlen und spürt z.B. ob es jemand ehrlich mit ihm meint, ob jemand glücklich, unglücklich, wütend, stark oder schwach ist. Daher sind ihm harmonische zwischenmenschliche Beziehungen ein grosses Bedürfnis; alles Disharmonische stört empfindlich sein inneres Gleichgewicht. Er verfügt meist über die Begabung, Blockaden im Energiefeld anderer sehr gut ertasten zu

können. Daher sind solche Menschen vermehrt in therapeutischen Berufen anzutreffen.
Hellfühligkeit bedeutet jedoch auch, die Energien der Zeit - sogenannte Trends – erkennen zu können. In unserem Sprachgebrauch bezeichnen wir einen solchen Menschen auch als jemanden mit hoher Sensibilität und starker Intuition. Visionäre zählen dazu, aber auch erfolgreiche Führungskräfte, die sich ihren Erfolg nicht hart erkämpfen mussten, sondern denen er „scheinbar" zuflog. Je mehr Du Deiner Intuition – Deinem inneren Gefühl – folgst, desto hellfühlender wirst Du.

Hellhören

Hellhören ermöglicht es der geistigen Welt, direkt mit Dir sprechen zu können. Die energetischen und feinstofflichen Wesen kommunizieren jedoch nicht in der Frequenz mit Dir, die das menschliche Ohr direkt wahrzunehmen vermag, sondern in höheren, feinstofflichen Schwingungen. Zuerst aber müssen die Energiekanäle Deiner Ohren von Blockaden gereinigt werden, damit die Schwingungen von unserem Gehör wahrgenommen werden können. Dies geschieht automatisch, sobald Du die entsprechende Auraschwingung erreichst hast. Verschiedene, begleitende, energetische Therapieformen vermögen den Vorgang hilfreich zu beschleunigen. Das Öffnen der Energiekanäle wird mitunter von unangenehmen körperlichen und psychischen Symptomen begleitet. Manche Menschen vernehmen unangenehm schrille Töne oder leiden sogar unter Ohrenschmerzen. Dabei kann die Symptomatik beider Ohren unterschiedlich verlaufen. Mit der Zeit wird die Wahrnehmung jedoch klarer, und die Beschwerden verschwinden allmählich. Oft werden zuerst wunderschöne Schwingungen wahrgenommen, die man als Sphärenklänge beschreiben könnte.
Manche Menschen berichten auch von Glockenklängen, die sie vernehmen. Etwas später können dann die ersten Worte oder Sätze aus der geistigen Welt folgen. Anfangs ist manchmal der Empfang undeutlich, verbessert sich aber zunehmend. Zumeist ist es Dein Schutzengel oder ein Geistiger Führer, der sich freut, nun endlich direkt mit Dir sprechen zu können.

Zu diesem Zeitpunkt geraten viele Menschen – vor allem diejenigen, die noch nicht visuell wahrnehmen können, wer mit ihnen spricht – in eine vorübergehende, psychische Krise; manche plagen starke Selbstzweifel in Bezug auf ihre Wahrnehmung. Dabei ist entscheidend wie das eigene soziale Umfeld übersinnliche Wahrnehmungen bewertet. Die Geistige Welt wird jedoch dafür sorgen, dass Dir zu dieser Zeit Menschen begegnen und beistehen, die auch über diese oder andere übersinnliche Fähigkeiten verfügen. Hast Du erst einmal akzeptiert, dass die Geistige Welt nun direkt mit Dir sprechen kann, wird Dir das eine riesige Hilfe für Dein Leben sein.

Hellriechen

Hellriechen bedeutet, Schwingungen der Geistigen Welt über den Geruchsinn wahrnehmen zu können. Dazu müssen zunächst auch hier die dafür vorgesehenen Energiekanäle von Blockaden gereinigt werden. Bei vielen Menschen wird dieser Vorgang durch eine starke Überempfindlichkeit gegen bestimmte Düfte und Gerüche begleitet. Ist jedoch die Fähigkeit Hellriechen zu können voll entwickelt, so verfügt man über eine sehr schöne Gabe; man nimmt die geistige Welt über wahrhaft himmlische, sehr wohlriechende Düfte wahr. Viele meiner Klienten haben mir berichtet, dass sie z.B. die Gegenwart eines verstorbenen, geliebten Menschen so über den Duft seines Lieblingsparfums wahrgenommen haben.

Telepathie

Telepathie bedeutet einerseits Gedankenschwingungen wahrnehmen und deuten zu können – andererseits, selbst durch Gedankenübertragung kommunizieren zu können.
Diese Art der Wahrnehmung erfolgt über Dein Stirnchakra und wird in Abhängigkeit von dessen Öffnung und Entwicklung immer intensiver und klarer. Diese Fähigkeit ermöglicht es der Geistigen Welt mit der Zeit telepathisch mit Dir zu kommunizieren. Anfangs kann das für Dich verwirrend sein, und es scheint Dir, als ob Du Stimmen in Deinem Kopf vernehmen würdest. Einige verunsichert diese Wahrnehmung zutiefst.

Zweifel kommt auf, ob es sich um eine Nachricht aus der Geistigen Welt handelt oder um ein Produkt der eigenen Phantasie. Vermagst Du zu diesem Zeitpunkt die Geistige Welt bereits visuell wahrzunehmen, so erleichtert Dir dies die Einordnung sehr. Insbesondere hohe, sehr feinschwingende Lichtwesen, wie z.B. Aufgestiegene Meister und Erzengel wählen aufgrund ihrer hohen Schwingung oft diesen Weg der Kommunikation. Sehr wahrscheinlich ist Telepathie wohl die Kommunikationsform der Zukunft. Erste Formen telepathischer Wahrnehmung hast Du sicherlich schon erleben dürfen; Du denkst z.B. intensiv an jemanden, von dem Du lange nichts mehr gehört hast, und fast zeitgleich ruft er Dich an.

Hellsichtigkeit

Hellsichtigkeit ermöglicht Dir, feinschwingende Energien visuell wahrnehmen zu dürfen. Dies geschieht vorwiegend über unser Stirnchakra, dem sogenannten Dritten Auge und nimmt mit dessen zunehmender Öffnung und Entwicklung stark zu. Somit ist die Hellsichtigkeit unabhängig davon, ob die Augen geöffnet oder geschlossen sind. Eine häufige Form der Hellsichtigkeit ist das visuelle Wahrnehmen der Auren von Lebewesen – die sogenannte Aurasichtigkeit. Eine weitere Art ist das visuelle Wahrnehmen von feinstofflichen oder energetischen Wesen, was bewirkt, dass der Kontakt zur Geistigen Welt stark intensiviert wird.

Zu Beginn der Entwicklung zeigt sich oft in der Wahrnehmung eine unerklärliche Helligkeit oder aber ein Schatten, der im Licht liegt. Mit der Zeit nimmt das Wahrgenommene konkretere Formen an. Erstmals ein Lichtwesen in seiner vollen Pracht sehen zu dürfen, ist sicherlich für jeden Menschen eine unvergesslich schöne und bereichernde Erfahrung.

Eine weitere Form der Hellsichtigkeit besteht darin, energetische Bilder, auch die der Zukunft, die uns die Geistige Welt übermitteln will, wahrzunehmen. Wenn Du Bilder aus der Zukunft anderer Menschen erhältst, solltest Du mit diesen Informationen sehr vorsichtig und gewissenhaft umgehen. Nicht immer sind diese Mitteilungen zur Weitergabe an die betreffende Person gedacht. Ausserdem sind wir nicht immer dazu fähig, mit unserem derzeitigen

Bewusstsein solche Zukunftsprognosen in der rechten Weise zu deuten. Mit der Übermittlung solcher Botschaften könntest Du also erheblich in den Lebensweg eines Menschen eingreifen und Dir dadurch evtl. neues Karma erschaffen. Frage in solchen Fällen immer zuerst die Geistige Welt, wie Du mit dem Übermittelten umgehen sollst. Häufig sind solche Botschaften nämlich nur zu Deiner eigenen Orientierung gedacht.

Geistheilung ist geistiges Heilen, ist energetisches Heilen

Geistheilung ist eine uralte Methode des ganzheitlichen Heilens im Einklang mit den Geistigen Gesetzen. In der jüngsten Zeit erfreut sie sich einer neuen Popularität. Jeder Mensch ist zur Geistheilung, zum energetischen Heilen fähig, sobald er sich auf der entsprechenden Bewusstseinsebene befindet. Die Energiekanäle für die Aufnahme und Weitergabe von Energien sind bei allen Menschen vorhanden. Um jedoch Energien aufnehmen und weiterleiten zu können, müssen diese Kanäle von Blockaden gereinigt, also durchlässig sein. Dies geschieht automatisch, sobald wir den entsprechenden spirituellen Entwicklungsstand erreicht haben.
Es gibt unterschiedliche Arten der Geistheilung. Die meisten beruhen darauf, Energien von Aussen aufzunehmen, meist über das Kronenchakra, und über die Chakren der eigenen Hände in das Energiefeld des zu Empfangenden zu übertragen. Da Geistheilung unabhängig ist von Zeit und Raum, sind auch sogenannte Fernbehandlungen möglich. Jemanden energetisch zu heilen setzt voraus, dass er dieses aus seinem Innern heraus wünscht. Die Energieübertragung bewirkt, dass Energieblockaden im Körper und in der Aura des Empfängers gelöst werden und ein transformierender Bewusstseinsprozess einsetzt. Es handelt sich dabei um einen ganzheitlichen Heilungsprozess von Köper, Geist und Seele. In der Regel bedarf es dazu mehrere Sitzungen. Die Geistheilung ist in dem Masse erfolgreich, wie der Empfänger den Transformationsprozess seines Bewusstseins zulässt und mitträgt.
An dieser Stelle möchte ich jedoch auch auf die Grenzen des energetischen Heilens hinweisen; oft benötigen wir zusätzliche Hilfe der Schulmedizin, die in den letzten einhundert Jahren hervorragende

Methoden hervorgebracht hat, betreffend der Lebenserhaltung unseres grobstofflichen Körpers. Ganzheitliche Heilung bedarf der Zeit. Ohne die Unterstützung der Schulmedizin verbliebe uns jedoch häufig diese Zeit nicht. Selbst wenn für den physischen Körper keine Heilung mehr möglich ist, wirkt energetisches Heilen auf der geistigen und seelischen Ebene und vermag das Hinübergehen ins Licht zu erleichtern.
Bedenke: Nicht wir als sogenannte Geistheiler heilen; wir bilden nur den Kanal für die Energien, die wir weiterleiten.

Ausserkörperliche Erfahrungen

Mit zunehmender spiritueller Entwicklung wird es auch Dir möglich sein, Deinen Körper zu verlassen, um auf energetische Weise Reisen zu unternehmen, weil Du nicht mehr den Begrenzungen Deines grobstofflichen Körpers unterliegst. Du kannst durch Wände gehen, wirst im Bruchteil einer Sekunde an den Ort Deiner Wünsche gelangen können. Du hast somit die Möglichkeit in verschiedene Dimensionen zu reisen. Natürlich sollte diese Fähigkeit vor allem zur spirituellen Weiterentwicklung genutzt werden. Reist Du in unserer Dimension ist es sehr wichtig, die Privatsphäre anderer zu wahren und Dich gemäss den Geistigen Gesetzen zu verhalten. Sofern Du das Verlassen Deines Körpers auf natürliche Weise erreichst, bist Du völlig geschützt und kannst jederzeit in Deinen Körper zurückkehren.
Am Ende eines anstrengenden Tages, entspannt im wohlduftenden Wasser meiner Badewanne liegend, erlebte ich meine erste ausserkörperliche Erfahrung. Ich fühlte wie ich aus meinem Körper hinausglitt. Bei vollem Bewusstsein realisierte ich genau, was mit mir geschah. Es freute mich sehr, nun endlich einmal eine Reise mit meinem feinstofflichen Körper unternehmen zu dürfen und dabei die Materie überwinden zu können. Zunächst versuchte ich einmal durch Wände zu gehen, was mir grosses Vergnügen bereitete. Danach reiste ich ohne jede Mühe zu verschiedenen, schönen Plätzen dieser Erde, die für mich mit glücklichen Erinnerungen verbunden waren. Dort konnte ich die Menschen gut wahrnehmen und ihre Stimmen, wenn auch in leicht verzerrter Form, vernehmen.

Der Versuch eine Treppe hinunter zu gehen bereitete mir deshalb Mühe, weil ich ständig mit den Füssen durch die Stufen hindurchtrat, was mich veranlasste, hinunter zu schweben. Bei diesen ausserkörperlichen Erfahrungen war ich mit meinem Bewusstsein sowohl in meinem Körper als auch gleichzeitig ausserhalb dessen, war zur gleichen Zeit in zwei verschiedenen Formen, an zwei verschiedenen Plätzen. Das war der Beweis für mich, dass wir multidimensionale Wesen sind. Nachdem ich das Gefühl hatte, genug erlebt zu haben, kehrte ich wiederum mühelos in meinen Körper zurück. Ich fühlte mich sehr müde und brauchte Schlaf, um das Erlebte verarbeiten zu können. Ich bin heute jederzeit dazu in der Lage, bei Fernsitzungen in geistiger Form zu meinen Klienten zu reisen, um direkt energetisch an ihnen zu arbeiten.
Ich kenne zahlreiche Menschen, die fähig sind, regelmässig und willentlich aus ihrem grobstofflichen Körper hinauszugleiten; versuche Du aber dieses nicht zu erzwingen – es geschieht alles zu der für uns richtigen Zeit.

Polarität

- Gut und Böse – Licht und Schatten -

Mit Deiner Reinkarnation auf der Erde hast Du bewusst einen Planenten gewählt, auf dem Du Dich frei zwischen Licht und Schatten entscheiden kannst.
Als Teil des Lernprozesses und im Rahmen ihrer Weiterentwicklung braucht eine Seele die

Polarität „GUT“ und „BÖSE“.

Somit ist auch der Schatten Teil des Ganzen und hat seine Berechtigung im Göttlichen Plan. Er kann sowohl in unserem Innern als auch im Aussen nur transformiert werden, indem wir uns dem Licht zuwenden. Versuchen wir ihn zu bekämpfen, so verhelfen wir ihm damit zur Macht über uns. Auch in unserer grobstofflichen Welt lässt sich Schatten nur durch Licht transformieren.

In einer Lebensphase, in der sich Wut und Rachegelüste in mir angesammelt hatten, sagte mir einmal ein Engel:

“Immer wenn Du kämpfst,
kämpfst Du im Grunde nur gegen Dich selbst.“

Die Polarität in uns

Auch in uns gibt es Licht und Schatten. Der Schatten umfasst all jenes, das wir verdrängen möchten, wie z.B. Hass, Wut, Eifersucht, Neid, Schmerz, Ängste, destruktive Gedanken etc. Unser Karma aus vergangenen Leben gehört ebenfalls dazu. Indem wir unseren Schatten in Liebe annehmen, verliert er seine Macht über uns und wir transformieren ihn in Licht. Die Energien des Engel's Reiki vermögen Schatten direkt in Licht zu transformieren.

Die Evolution der Seele

„Die Seele ist Licht, kommt aus dem Licht, um ins Licht zurückzukehren"

Verschiedene Religionen und spirituelle Lehrer geben unterschiedliche Antworten auf die Frage was unsere Seele ist. Wahrscheinlich haben sie alle ihre Richtigkeit, da jede nur einen Aspekt des Ganzen erfasst. So bin auch ich nur in der Lage, Dir die Antwort zu geben, die ich in meinem Bewusstseinszustand von meinen geistigen Lehrern empfangen durfte.

Die Seele stellt sich mir als eine höchst lichtvolle, energetische, Göttliche Wesenheit dar. Sie hat ihren Ursprung im Göttlichen Licht. Um die Möglichkeit zur geistigen Entwicklung und zum Lernen zu haben, reinkarniert die Seele in unzähligen physischen und geistigen Körpern. Inkarniert sie in einer menschlichen Gestalt, so unterliegt sie damit der Polarität der Erde. Sie kann diese erst wieder verlassen, wenn sie Erleuchtung erlangt hat. Dieser Prozess umfasst manchmal unzählige Erdenleben.

Sollte ein Wesen Erleuchtung erlangt haben und das Rad der Reinkarnation damit verlassen können, ist der Entwicklungsprozess der Seele noch nicht beendet. Sie sammelt dann ihre Erfahrungen in feinstofflichen und energetischen Verkörperungen, z.B. als Geistiger Führer, Naturengel, Aufgestiegener Meister, Engel, etc. Heute sind viele sehr lichtvolle Seelen, die schon zahlreiche Verkörperungen in lichtvoller Gestalt hatten, freiwillig als Lichtbringer auf der Erde reinkarniert. Damit unterliegen auch sie dem Gesetz der Polarität, und vermögen dieses erst durch Erleuchtung zu verlassen. Die Evolution der Seele endet mit der Anhebung der Energie bis zur völligen Verschmelzung mit der Quelle – mit Gott. Ob sich unsere Seele in uns oder ausserhalb von uns – in einer höheren Dimension – befindet, kann ich Dir nicht sagen. Wahrscheinlich trifft beides zu. Ferner halte ich es für zutreffend, dass sich die Seele zur gleichen Zeit nicht nur in einem Körper und in einer Form weiterentwickelt, sondern vielmehr in unzähligen, sich auch auf unterschiedlichen Entwicklungsstufen befindenden Wesen, in verschiedenen Dimensionen; also in grobstofflichen sowie feinstofflichen wie auch energetischen Körpern. Die Seele eines Menschen nehme ich visuell

als wunderschöne, glitzernde und in verschiedenen Farben strahlende Energiesonne wahr. Stirbt ein Mensch, so trennt sich seine Seele vom grobstofflichen Körper, um vorübergehend in eine lichtvolle Zwischendimension zu wechseln. Dies ist vergleichbar der Entwicklung einer Raupe, die zum Schmetterling wird.
Da ich während zahlreicher in meiner Praxis durchgeführter Rückführungen gemeinsam mit meinem Klienten den Übergang vom Leben zum Tod nochmals durchleben durfte, kam ich zu der Erkenntnis, dass der Tod nichts furchterregendes hat. Vielmehr ist er der schönste Moment im Leben: Alles Leid, alle Sorgen, alles Belastende lösen sich in diesem Moment in Licht und Liebe auf – absolute Glückseligkeit erfüllt uns. Es ist uns eine grosse Freude, unseren grobstofflichen Körper verlassen zu können, um vorübergehend ins Göttliche Licht heimzukehren.
Auch nach unserem Tode sind wir noch in der Lage, unsere Hinterbliebenen zu besuchen. Mit der Anhebung Deiner Schwingung wird es auch Dir möglich sein, verstorbene Menschen gelegentlich wahrzunehmen. Sie zeigen sich, ähnlich den Geistigen Führern, in einem feinstofflichem Körper, leuchten jedoch nicht. In der Regel werden sie in dem Aussehen ihrer letzten Lebensjahre erscheinen; manchmal nehmen sie auch eine jüngere Gestalt an. Solche Erscheinungen haben nichts furchterregendes an sich. Meist besuchen Dich Verstorbene, die Dir sehr nahe standen, Dir noch etwas mitzuteilen haben oder Dir in einer schwierigen Phase Deines Lebens helfend zur Seite stehen möchten. Dies können sehr schöne, herzerwärmende Momente des Wiedersehens sein. Heutzutage ist es mir z.B. möglich, mit meinem verstorbenen Vater zu sprechen; oft genügt ein intensiver, liebevoller Gedanke an ihn – und er ist bei mir. Auch kommt es vor, dass mir ein Verstorbener erscheint, mich um die Weiterleitung einer Nachricht bittet, für einen Menschen, der ihm nahe stand, seine Mitteilung aber noch nicht direkt empfangen kann. Du siehst also, dass wir mit zunehmender spiritueller Entwicklung auch die Trennung von den von uns geliebten, verstorbenen Menschen überwinden, die momentan in einer anderen Dimension weilen oder gar schon wiedergeboren sind.
Solche Begegnungen sollten jedoch nicht erzwungen werden. Spiritistische Sitzungen, bei denen die Verstorbenen aus Neugierde

beschworen werden, um z.B. die Zukunft zu erfahren, sind - wie ich aus eigener Erfahrung weiss – sehr gefährlich; ich möchte Dir dringend davon abraten. Bei derartigen Praktiken melden sich zumeist nicht die Gerufenen, sondern niedere Wesen der Finsternis, die Du häufig so schnell nicht mehr los wirst. Solltest Du das intensive Verlangen haben, mit einem verstorbenen, geliebten Menschen in Kontakt zu treten, die Zeit aber nicht abwarten willst, bis Du ihn selbst wahrnehmen kannst, so wende Dich an ein erfahrenes, lichtvolles Medium.

Erdgebundene Seelen

Erdgebundene Seelen – früher oft als Geister bezeichnet – sind Verstorbene, die, obwohl sie bereits über einen feinstofflichen Körper verfügen, noch nicht in die andere Dimension gewechselt sind. Dies trifft zumeist auf Menschen zu, die unerwartet aus dem Leben gerissen wurden und die tiefer Groll gegen eine Person oder einen Umstand vom Übergang abhält. Diese verirrten Seelen sind von grosser Furcht und Verzweiflung getrieben. Ihr Wirken beschränkt sich zumeist auf ein bestimmtes Haus oder Grundstück. Sie erscheinen des Nachts und haben nur vereinzelt zum Ziel, Angst und Schrecken zu verbreiten; oftmals wollen sie nur auf sich aufmerksam machen, um Hilfe zu erhalten. Sie können sich uns in schöner oder hässlicher Gestalt zeigen, leuchten dabei jedoch nicht. Im Gegensatz zu Lichtwesen ist ihnen eine kalte, unangenehme Schwingung zu eigen.

Sollten Dir erdgebundene Seelen begegnen, so tritt ihnen nicht mit Angst oder sogar Hass entgegen, sondern in Liebe. In Häusern oder Wohnungen, in denen sie wirken, sollte eine Pforte ins Licht errichtet werden, um so den Seelen die Heimkehr ins Licht zu ermöglichen. Diese Heimführung gelingt nicht immer, da eine erdgebundene Seele nur ins Licht geführt werden kann, wenn sie dies auch wünscht. Ich rate Dir daher, kein Heim zu beziehen, bei dem Du – hinsichtlich des Vorhandenseins erdgebundener Seelen – Zweifel hast. Es wird häufig angeraten, solche verirrten Seelen selbst ins Licht zu führen. Da sie als erdgebundene Seelen sehr leiden, weil sie nicht loszulassen vermögen, scheint dies auf den ersten

Blick ein Akt der Nächstenliebe zu sein. Ich empfehle Dir jedoch, sofern Du diese Aufgabe nicht als innere Berufung betrachtest und entsprechend geschult bist, einen spirituellen Fachmann damit zu beauftragen. Meiner Erfahrung nach sind manche erdgebundenen Seelen dann nicht ungefährlich, wenn Du Angst vor ihnen hast; manche von ihnen wollen oft noch nicht oder gar nicht ins Licht. Es sind mir jedoch auch solche Menschen bekannt, die sich mit den erdgebundenen Seelen arrangiert haben, die sozusagen harmonisch in Liebe ihr Heim mit ihnen teilen.

Die Geistigen Gesetze

Die Geistigen Gesetze beruhen auf der Göttlichen Ordnung. Verstossen wir gegen sie, so arbeiten wir gegen die Energien des Lichts und erschaffen uns dadurch neues Karma, welches wir wiederum als Lernprozess abbauen dürfen. Ansätze dieser Geistigen Gesetze finden sich in den Glaubensregeln aller Religionen. Die eigentlichen geistigen Gesetzmässigkeiten sind jedoch in Dir selbst gespeichert. Je weiter wir auf unserem spirituellen Weg voranschreiten, um so eher werden wir spüren, wenn wir gegen die Geistigen Gesetze verstossen. Also brauchst Du nur in Dein Inneres zu horchen, um zu erfahren, welche Handlungsweisen für Dich richtig oder falsch sind.

An die Geistigen Gesetze sind nicht nur wir Menschen gebunden, sondern das ganze Universum und auch die "Geistige Welt" untersteht ihnen.

Gelingt es Dir nach diesen Geistigen Gesetzen zu leben, so hast Du einen riesigen Schritt in Deiner Geistigen Entwicklung gemacht. Achte immer darauf, nicht gegen den Willen anderer in deren Leben einzugreifen. Wir sind alle in dieses Leben reinkarniert, damit sich unsere Seele erfahren kann. Dazu müssen wir unsere eigenen Erfahrungen machen. Versuchen wir, auf das Leben eines anderen Menschen Einfluss zu nehmen, so greifen wir in dessen Bewusstwerdungsprozess ein und erschaffen uns neues Karma.

Geistiges Gesetz der Resonanz

„Wie Innen – so Aussen"

Meine Schwingung hängt von meinem Bewusstseinszustand, meiner spirituellen Entwicklung – also meiner Seelenstruktur ab. Mein jetziger Bewusstseinszustand ist das Ergebnis vieler Verkörperungen. Es können nur die Energien in mein Leben treten, die ich als Lernprozess anziehe und die Teil meiner Aufgabe, meines Bewusstwerdungsprozesses sind. Das, was ich in den Schatten meines Selbst zu verdrängen suche, ziehe ich energetisch im Sinne von Resonanz an.

Karma

„Ich bin nicht Opfer meines Schicksals, sondern erschaffe energetisch mein Schicksal selbst"

Ich – und nur ich selbst – bin in der Lage, meine Schwingung zu ändern, in dem ich meine Schatten integriere und damit positive Energien, Menschen, Umstände etc. energetisch anziehe. Ich bin reinkarniert, um meine Bestimmung, die meine Seele selbst gewählt habe, zu erkennen, zu erfüllen und ein glückliches Leben zu führen. Erfülle ich meine gewählten Aufgaben in diesem Leben nicht, so werde ich sie als Karma in das nächste Leben mitnehmen, um dort wieder mit der gleichen Problematik konfrontiert zu werden. Ich selbst habe also die Wahl und bin damit Schöpfer meines Schicksals.

Direktes Karma

Haben wir intensiv an unserem Bewusstwerdungsprozess gearbeitet, so wurde dabei ein grosser Teil unseres Karmas abgebaut. Damit sind wir eine weite Strecke auf unserem spirituellen Weg vorangekommen und erstrahlen bereits sehr lichtvoll. Zu diesem Zeitpunkt setzt das direkte Karma ein.

Bisher konnten wir gegen „Geistige Gesetzte" verstossen - also neues Karma erschaffen – ohne es gleich wieder abarbeiten zu müssen; erst in zukünftigen Leben werden wir mit dem entsprechenden Problem konfrontiert. Haben wir jedoch die richtige feinstoffliche Schwingung für das direkte Karma erreicht, so werden wir uns zumeist in sehr kurzer Zeit – in jedem Fall jedoch noch in diesem Leben – erneut mit der jeweiligen Lernaufgabe auseinandersetzen müssen. Unser Bewusstwerdungsprozess wird also durch das direkte Karma stark beschleunigt.

Die Erleuchtungspyramide des Engel's Reikis

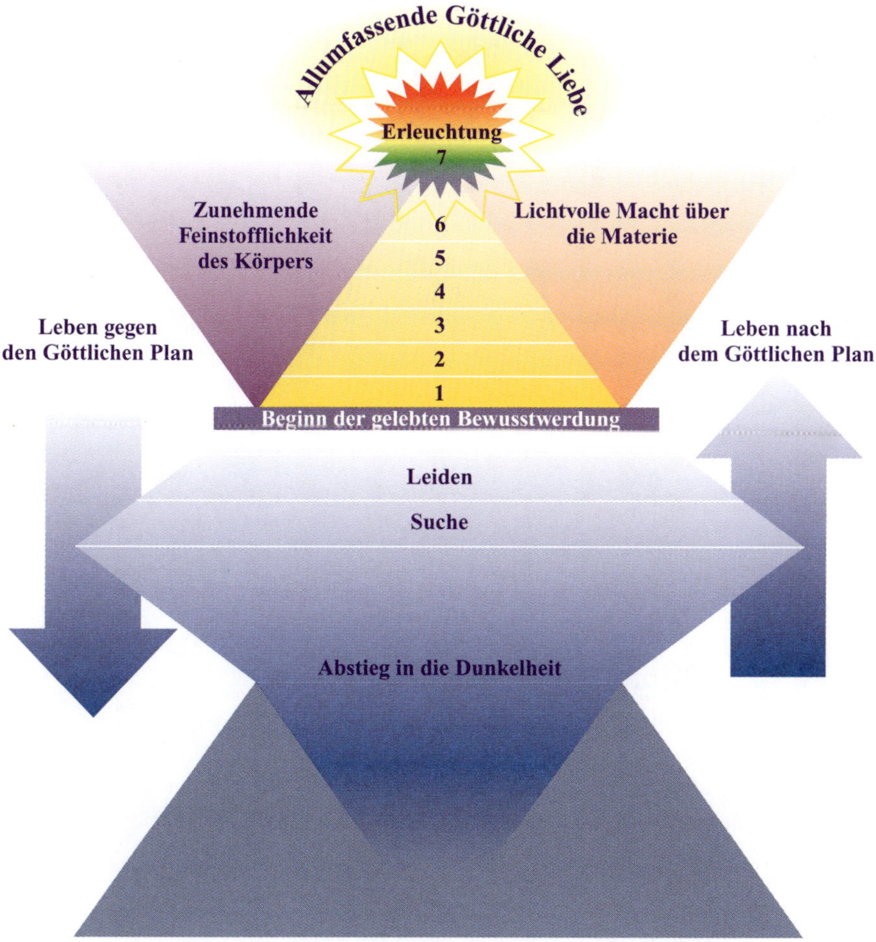

Gechannelt durch Sirilana, Nabala, Anisis, Namo aus dem Christus- und Buddhabewusstsein
Weihnachten 2001

Tabellarische Übersicht der Erleuchtungsphasen

Erleuchtungsphasen	Reinigungsgrad	Thema der Bewusstwerdung	Hauptenergie
7. Phase	Erleuchtung	• Verschmelzung mit unserem Höheren Selbst • Verschmelzung mit dem Göttlichen Bewusstsein	• Reine Göttliche Energie • Energie unseres Höheren Selbst • Ständige, unbewusste Aufnahme von Lichtnahrung
6. Phase	Intensive Lichtwerdung	Göttliches Bewusstsein	• Reine Göttliche Energie • Energie unseres Höheren Selbst • Mind. tägl. sechsmalige Aufnahme von Lichtnahrung
5. Phase	Verstärkte Lichtwerdung	• Verschmelzung von Christus- und Buddhabewusstsein	• Gemeinsame Einstimmung in die Christus- und Buddhaenergie • Gemeinsame Einstimmung in alle Erzengelenergien • Vermehrte Aufnahme von Lichtnahrung
4. Phase	Allmähliche Lichtwerdung	• Transformation unseres Ego in Selbstwert	• Energie unseres Höheren Selbst • Buddhaenergie • Gemeinsame Einstimmung in alle Erzengelenergien • Gelegentliche Aufnahme von Lichtnahrung
3. Phase	Intensivste Reinigung	• Vertrauen in Gott und in den Göttlichen Plan • Sorge Dich nicht! Vertraue!	• Gleichzeitige Einstimmung in alle Erzengelenergien • Energie unseres Höheren Selbst • Christusenergie
2. Phase	Intensive Reinigung	• Grosse Bewusstseinsschritte • Christusbewusstsein: Der Weg der Liebe	• Phasenweise Einstimmung in die einzelnen Erzengelenergien • Einstimmung in die Christusenergie
1. Phase	Grobreinigung	Starke Bewusstwerdung	• Engelenergie • Christusenergie • Krafttierenergie
Beginn Engel´s Reiki			
3. Vorstufe	Bewusste Vorreinigung	Gelebte Bewusstwerdung	• Reiki • Autogenes Training • Yoga • Heilsteine • Meditation etc.
2. Vorstufe	Verstärkte, vorbereitende Reinigung	Die Opferhaltung wird aufgegeben und Verantwortung für das eigene Leben übernommen	• Ernsthafte Suche nach Methoden der Bewusstwerdung, die helfen, das Leiden zu überwinden
1. Vorstufe	Vorbereitende Reinigung	Die Suche nach dem Sinn des Lebens	• Verschiedene Wege der Bewusstwerdung werden erprobt, ohne über einen längeren Zeitraum konsequent mit ihnen zu arbeiten

Der Weg des Engel's Reikis
Sieben Phasen zur Erleuchtung

Erste Vorstufe
- Die Suche nach dem Sinn des Lebens -

Wahrscheinlich ist uns allen diese Stufe schon bekannt. Wir möchten vorwärtskommen, um immer mehr zu erkennen. Je mehr wir jedoch zu suchen beginnen, umso weniger wissen wir, was wir de facto suchen. Von innerer Unruhe und Unzufriedenheit vorangetrieben, erproben wir verschiedene Wege der Bewusstwerdung, ohne jedoch über einen längeren Zeitraum konsequent mit ihnen zu arbeiten. Es scheint, dass uns die Kraft und Ausdauer, die sie fordern, fehlen.
Auch wenn die meisten Menschen es nicht wahrnehmen, so begleiten und führen unsere lichtvollen Freunde uns auch während dieser Zeit, denn die Gefahr ist gross, auch falsche, nicht lichtvolle Wege auf unserer Suche zu beschreiten.

Zweite Vorstufe
- Das Leiden -
„Ein Diamant glänzt nur, wenn er geschliffen wird"

Dieser Abschnitt gestaltet sich bei jedem Menschen anders. Das Charakteristische dieser Stufe ist, dass wir geistig zu wachsen beginnen. Der Sinn des Leidens besteht darin, zu erkennen, dass wir nicht Opfer sind, sondern selbst unser Leben energetisch erschaffen. Daher geben wir – am Ende der Phase des Leidens – die Opferhaltung Schritt für Schritt auf und übernehmen schliesslich die volle Verantwortung für unser Leben. Wir leben bewusster und suchen nach Methoden, die uns helfen sollen, das Leiden zu überwinden.

Dritte Vorstufe
- Gelebte Bewusstwerdung -

Mit Erreichen dieser Stufe wird die gelebte Bewusstwerdung zu

unserem Lebensthema. Zu Beginn ist uns dieses noch nicht bewusst. Wir spüren zunächst einen grossen Drang zur Bewusstwerdung, lesen evtl. vermehrt Bücher zu diesem Thema und werden schliesslich auf einen bestimmten Weg zur Bewusstwerdung – oder auch auf parallel verlaufende – geführt. Zu diesem Zeitpunkt verfügen wir über die innere Kraft, den Weg zielstrebig zu beschreiten.
In der Phase „gelebter Bewusstwerdung" trat Reiki in mein Leben. Für viele Jahre war dies ein sehr lichtvoller und sicherer Weg; ich verdanke Reiki grosse Bewusstseinsschritte.
Wir verlassen die dritte Vorstufe bereits mit einem hohen Bewusstsein, innerer Ruhe, Liebe zu uns und der Schöpfung.

Einstimmungsposition in eine Engel's Reiki Energie

Engel's Reiki – die erste Erleuchtungsphase

- Starke Bewusstwerdung-

Bereits mit der ersten Erleuchtungsphase des Engel's Reikis beginnt ein intensiver Bewusstwerdungsprozess. Haben einige Bewusstwerdungsschritte früher über Jahre gedauert, so vollziehen sie sich nun in Monaten, Wochen oder sogar Tagen. Dies ermöglichen die Energien des Engel's Reikis. Sie sind stark transformierende, Göttliche Energien der allumfassenden Liebe und des Lichts. Zahlreiche Blockaden in uns, und infolge des Resonanzgesetzes auch in unserem Leben, beginnen sich sehr schnell und zugleich schonend aufzulösen.

Engel's Reiki Energien für die erste Erleuchtungsphase:

Hauptenergien: Engelenergie, Christusenergie, Kraftierenergie

Regelmässige Einstimmung in die Engelenergie,
Christusenergie und Krafttierenergie
gemäss Deiner inneren Führung

....

Unterstützende Energie: Reiki
Dauer der ersten Erleuchtungsphase: ca. 1-12 Monate
Gehe erst zur Energiearbeit der nächsten Erleuchtungsphase über, wenn Dir Deine Innere Führung dazu rät.

Reinigungsgrad: Grobreinigung

Durch die regelmässige Anwendung der oben aufgeführten Engel's Reiki Energien, setzt ein Prozess der Grobreinigung in Deinem Körper und Deinem Energiefeld ein. Zahlreiche Blockaden werden auf der ersten Erleuchtungsphase sehr liebevoll und schonend aufgelöst. Vorübergehende Symptome wie Durchfall, Hautunreinheiten, Gelenk- oder Muskelschmerzen, vermehrte Schweissabsonderung, Körpergeruch, Hitze- oder Kältegefühl, intensives Träumen, grösseres Schlafbedürfnis, momentane Gefühlsschwankungen, etc. signalisieren Dir, dass Dein Reinigungsprozess gut voranschreitet.

Wirkungsübersicht für die erste Erleuchtungsphase:

Bereits die erste Erleuchtungsphase eröffnet Dir ganz neue Dimensionen des „Seins“. Das energetische Grundmuster für alle kommenden Erleuchtungsphasen wird gelegt. Der grobstoffliche sowie die feinstofflichen Körper beginnen sich nach der göttlichen Ordnung auszurichten.

Wichtig während der ersten Erleuchtungsphase:

Regelmässiges Einstimmen in die Engels-, Christus- und Krafttierenergie. Höre auf Deine innere Führung! Du darfst Dich auch am gleichen Tag in alle drei Engel's Reiki Energien der ersten Erleuchtungsphase einstimmen. Achte auf eine gesunde Lebensweise und nimm Dir ausreichend Zeit für Dich selbst und begegne Dir mit viel Liebe.

Energiearbeit für die erste Engel's Reiki Erleuchtungsphase:

Die Engelenergie

- Balsam für Körper, Geist und Seele -

Die Engelenergie ist eine sehr feine, sanfte, Göttliche Energie. Sie fliesst immer in der Zusammensetzung, die Du aktuell benötigst. Ich nehme sie als weissgoldenes, sehr helles Licht wahr. Sie erfüllt den Menschen mit unbeschreiblicher, Göttlicher Glückseligkeit und macht in Phasen der Niedergeschlagenheit das Leben wieder lebenswert. Obwohl die Engelenergie sehr sanft wirkt, ist sie eine sehr lichtvolle, Göttliche Energie, die alle Arten von energetischen Blockaden in Dir auf sanfte Weise zu transformieren vermag.
Die Engelenergie untersteht den Engeln und fliesst immer in der Menge, die der Betreffende momentan benötigt. Du bist völlig geschützt. Bei Deiner Lichtarbeit mit der Engelenergie werden Dich oft Engel unterstützen. Auch Deine Wahrnehmung für Engel wird sich durch diese Energie sehr verfeinern. Die Engelenergie ist Balsam für Körper, Geist und Seele. Nutze sie darum in Dankbarkeit, so oft wie möglich.

Aufnahme der Engelenergie für Dich selbst:

Setze oder lege Dich bequem hin und schliesse Deine Augen.

Erde Dich!

Lege Deine Hände auf Dein Herzchakra. Sprich laut oder in Gedanken je 3x

Ich öffne mich der Engelenergie
Ich öffne mich der Engelenergie
Ich öffne mich der Engelenergie

Spüre in Dankbarkeit wie sich diese sehr lichtvolle Energie durch Dein Kronenchakra in Deinen Körper und Dein Energiefeld ergiesst.

Solltest Du das innere Bedürfnis verspüren, so lege Deine Hände während der Energieaufnahme auch auf andere Körperstellen.

Energieaufnahme bis Ende Energiefluss (ca. 15 Min.)

Bedanke Dich!

Von Engeln umgeben, geleitet und behütet

Während der ersten Erleuchtungsphase öffnest Du mit der regelmässigen Einstimmung in die Engelenergie die Pforten zur Dimension der Engel. Diese lichtvollen Wesen der Göttlichen Liebe können nun besser als zuvor mit Dir in Kontakt treten. Sie werden Dich sowie Dein Leben erhellen. Es wird Dir schon in der ersten Erleuchtungsphase möglich sein, sie vermehrt in der einen oder anderen Form wahrzunehmen. Du wirst täglich von ihrem Licht und ihrer Liebe begleitet sein. Plagen Dich Sorgen oder Ängste, so bitte sie um Hilfe. Du kannst auch Engel, die Dich umgeben, bitten, bestimmten hilfsbedürftigen Menschen beizustehen. Du wirst erstaunt sein, was Deine Engel alles bewirken können.
Natürlich unterstehen auch sie den Geistigen Gesetzten und können nur dort Zugang finden, wo im Inneren eines Menschen der Wunsch nach Göttlichem Licht vorhanden ist.

Engel-Lichtsitzung:

Lege oder setze Dich bequem hin. Bitte die Engel um eine Lichtsitzung. Zahlreiche Engel werden Dich umringen und ihr Göttliches Licht der Liebe in Dich fliessen lassen.
Geniesse dieses Göttliche Gefühl,
welches die Engelenergien in Dir auslösen.
Bedanke Dich!

Du darfst die Engel immer dann um eine Engel-Lichtsitzung bitten, wenn Du in Deinem Inneren das ehrliche Bedürfnis danach verspürst. Meist wird dies an Tagen sein, an denen Du Dich niedergeschlagen und traurig fühlst.

Die Christusenergie

- Transformation von Schmerz und Leid in der Göttlichen Gnade der Liebe -

Die Christusenergie ist eine sehr stark transformierende, lichtvolle, Göttliche Energie, die auf der Göttlichen Liebe beruht. Sie vereint die lichtvolle Kraft der himmlischen Heilenergien mit der Kraft der Erdheilenergien. Diese sehr machtvolle Verbindung von „Himmel und Erde" bewirkt, dass sich diese Energie sehr schnell auch auf der körperlichen Ebene zu manifestieren vermag. Sie wirkt, indem sie intensiv unser Herzchakra öffnet und uns mit der Göttlichen Liebe verschmelzen lässt; aller Schmerz, alles Leid – aus unseren unzähligen Leben in uns gespeichert – wird, soweit unser Inneres dazu bereit ist, in Göttlicher Gnade aufgelöst. Ferner vermag die Christusenergie unser Karma in Liebe zu transformieren. Weiterhin bewirkt sie, dass sich Dir allmählich die Bedeutung des Christusbewusstseins offenbart. Trotz ihrer machtvollen Wirkung ist die Christusenergie eine sehr angenehme, herzerwärmende Energie. Ich nehme sie in magentafarbenem, stark wärmendem Licht wahr. Es geschieht nur soviel Transformation – biblisch gesprochen „Erlösung" – wie wir in unserem Innern zulassen.

Die Christusenergie untersteht Christus. Es fliesst bei Deiner Einstimmung in die Energie nur soviel Energie, wie für Dich zum jeweiligen Zeitpunkt richtig ist; Du kannst dabei keinen Fehler begehen und bist völlig geschützt.

Die Christusenergie darf von allen Menschen, gleich welcher Glaubenszugehörigkeit zur Transformation eingesetzt werden. Dabei ist es unerheblich, ob Jesus Christus als Sohn Gottes, oder als Aufgestiegener Meister – dessen Energie der Göttlichen Quelle sehr nahe ist – betrachtet wird. Nutze die Göttliche Gnade mit dieser Energie arbeiten zu dürfen, und Du wirst durch sie „Erlösung" auf allen Ebenen erfahren.

Aufnahme der Christusenergie für Dich selbst:

Setze oder lege Dich bequem hin und schliesse Deine Augen.

Erde Dich!

Lege Deine Hände auf Dein Herzchakra. Sprich laut oder in Gedanken je 3x

Ich öffne mich der Christusenergie
Ich öffne mich der Christusenergie
Ich öffne mich der Christusenergie

Spüre in Dankbarkeit wie sich diese sehr lichtvolle Energie der Göttlichen Liebe durch Dein Kronenchakra in Deinen Körper und Dein Energiefeld ergiesst.

Solltest Du das innere Bedürfnis verspüren, so lege Deine Hände während der Energieaufnahme auch auf andere Körperstellen.

Energieaufnahme bis Ende Energiefluss (ca. 15 Min.)

Bedanke Dich!

Transformation durch Liebe

Indem Du Dich regelmässig der Christusenergie öffnest, beginnt sich vieles in Deinem Leben zu verändern. Alter Schmerz – der manchmal seine Wurzeln in vergangenen Leben hat – wird in Liebe transformiert. Die Liebe gewinnt eine immer grössere Bedeutung in Deinem Leben, erfüllt Dich zunehmend, und dementsprechend erstrahlst Du immer mehr in Liebe. Jesus Christus wird zu Deinem spirituellen Lehrer. Es fällt Dir zusehends leichter, Dir selbst, Deinen Mitmenschen sowie der gesamten Schöpfung in Liebe zu begegnen.

Die Krafttierenergie

- Neue Kraft für den Körper, neue Freude am irdischen Dasein -

Die Krafttierenergie setzt sich aus den Energien der Krafttierebene zusammen. Obwohl auch sie eine sehr lichtvolle Energie ist, enthält sie viel Erdkraft. Daher vermag sie sich sehr schnell auf der körperlichen Ebene zu manifestieren. Ich nehme sie als überaus warme, fast heisse, stark pulsierende Energie in grünroter Farbe wahr. Insbesondere in Zeiten körperlicher Erschöpfung oder emotionaler Niedergeschlagenheit bewirkt ihre Anwendung wahre Wunder. Es fliesst immer nur soviel Krafttierenergie, wie Du sie im Jetzt benötigst. Häufig vermagst Du dabei Deine eigenen Krafttiere visuell wahrzunehmen. Während der Anwendung bist Du vollkommen geschützt.

Aufnahme der Krafttierenergie für Dich selbst:

Setze oder lege Dich bequem hin und schliesse Deine Augen.

Erde Dich!

Lege Deine Hände auf Dein Herzchakra. Sprich laut oder in Gedanken je 3x

Ich öffne mich der Krafttierenergie
Ich öffne mich der Krafttierenergie
Ich öffne mich der Krafttierenergie

Spüre in Dankbarkeit wie sich diese sehr lichtvolle, kräftigende Energie der Natur durch Dein Kronenchakra in Deinen Körper und Dein Energiefeld ergiesst.

Solltest Du das innere Bedürfnis verspüren, so lege Deine Hände während der Energieaufnahme auch auf andere Körperstellen.

Energieaufnahme bis Ende Energiefluss (ca. 15 Min.)

Bedanke Dich!

Die Hilfe Deiner Krafttiere

Indem Du Dich regelmässig in die Energie Deiner Krafttiere einstimmst, erleichterst Du Ihnen den Zugang zu Dir. Sie können Dir nun besser energetisch helfen, Dich schützen sowie Dir Kraft und Mut spenden. Mit der Zeit beginnst Du sie immer besser wahrzunehmen. Fühlst Du Dich erschöpft, schwach oder mutlos, so bitte sie um Hilfe. Du darfst Deine Krafttiere auch zu Menschen senden, denen es nicht gut geht.

Krafttier-Energiesitzung:

Lege oder setze Dich bequem hin. Bitte Deine Krafttiere um eine Energiesitzung. Deine Krafttiere werden sich einfinden und ihre lichtvollen Naturenergien in Dich fliessen lassen.
Spüre und geniesse die neue Kraft,
die Dich zu erfüllen beginnt.
Bedanke Dich!

Du darfst Deine Krafttiere immer um Hilfe bitten,
wenn Du ihrer Kraft bedarfst,
Dich z.B. kraftlos oder mutlos fühlst.

Bette Myers
1984

Meine persönlichen Erfahrungen mit der ersten Engel's Reiki Erleuchtungsphase

Während der ersten Erleuchtungsphase arbeitete ich sehr intensiv mit der Engel-, der Christus- und der Krafttierenergie. Ich spürte nur leichte körperliche Symptome der Reinigung. Als Reiki-Meister führte ich das auf meine jahrelange Arbeit mit der Reiki-Energie zurück. Ferner war ich bereits seit Jahren Vegetarierin und trank nur äusserst selten Alkohol. All die Energien der ersten Erleuchtungsphase taten mir wohl und erfüllten mich auf sanfte Weise mit Licht und Liebe.
Phasenweise spürte ich, wie sich verschiedene lichtvolle Helfer um mein Wohl bemühten. An manchen Tagen nahm ich mehr Engel, an anderen vermehrt meine Krafttiere wahr.
Meine Verbindung zu dem Aufgestiegenen Meister Jesus Christus intensivierte sich. Oft spürte ich seine Energie der allumfassenden Liebe auch während des Tagesgeschehens. Diese Liebe erfüllte mich immer mehr; ich verspürte das starke innere Bedürfnis, diese bedingungslose Liebe selbst vermehrt im Alltag zu leben.

Engel's Reiki – die zweite Erleuchtungsphase

- Grosse Bewusstseinsschritte -
- Christusbewusstsein -

In der zweiten Erleuchtungsphase stimmt man sich über längere Phasen in die einzelnen Erzengelenergien ein. Diese setzen eine sehr intensive Bewusstwerdung in Gang. Die Erzengelenergien transformieren direkt in der Göttlichen Liebe alle Arten von Blockaden. Damit bewirken sie eine sehr intensive Reinigung unseres grobstofflichen sowie unserer feinstofflichen Körper. Die regelmässige Einstimmung in die Christusenergie eröffnet uns in dieser Erleuchtungsphase allmählich die wahre Bedeutung des Christusbewusstseins. Christus wird unser spiritueller Lehrer. Unser Denken und Handeln beginnt sich während dieser Erleuchtungsphase sehr liebevoll zu wandeln. Frieden und Harmonie bestimmen zunehmend unser Leben.

Engel's Reiki Energien für die zweite Erleuchtungsphase:

Hauptenergien: Erzengelenergien einzeln, Christusenergie

Stimme Dich regelmässig in die einzelnen Erzengelenergien ein. Verweile dabei so viele Tage bei einer gewählten Erzengelenergie, bis Dein Schatten in diesem Thema weitgehend transformiert ist und Dir Deine innere Führung rät, zur nächsten Erzengelenergie weiter zu gehen.
- Regelmässige Einstimmung in die Christusenergie
gemäss Deinem inneren Bedürfnis.

....

Unterstützende Energien: Engelenergie, Krafttierenergie, Reiki
Es ist möglich, sich am gleichen Tag in mehrere Energien einzustimmen
Dauer der zweiten Erleuchtungsphase: ca. 3-12 Monate
Beginne erst dann die Energiearbeit der nächsten Erleuchtungsphase, nachdem Du Dich, während einer längeren Phase, in sämtliche Erzengelenergien eingestimmt hast – und Dir Deine innere Führung dazu rät

Reinigungsgrad: Intensive Reinigung

Wirkungsübersicht für die zweite Erleuchtungsphase:

Erzengelenergien

Durch die regelmässige Anwendung der einzelnen Erzengelenergien setzt ein sehr intensiver und doch zugleich schonender Reinigungsprozess ein. Bei einzelnen Erzengelenergien können in den ersten drei Tagen z.T. heftige, jedoch immer ungefährliche Reinigungssymptome auftreten. Es findet ein sehr starker Entgiftungsprozess Deines grobstofflichen Körpers statt, insbesondere die Meridiane (Energiebahnen) werden intensiv gereinigt. Nun durchströmen uns die Energien wieder optimal; Vitalität und Gesundheit nehmen zu. Während des Reinigungsprozesses beginnt Dein Körper damit, alte, abgelagerte Giftstoffe auszuscheiden. Dabei können Reinigungssymptome wie Hautunreinheiten, vermehrte Schweissabsonderung, unangenehm riechender Urin, Gelenk- und Muskelschmerzen sowie gelegentlicher Durchfall auftreten.
Diese Entgiftung trägt dazu bei, dass Du Schritt für Schritt Dein optimales Gewicht erreichst. Je nach Ausgangslage verlierst Du Dein Gewicht oder nimmst zu, sofern Du an Untergewicht leidest. Dabei lässt sich beobachten, wie sich unser Gewebe strafft, unsere Haut reiner wird und wir zu optimaler, körperlicher Schönheit gelangen. Mit der Reinigung des Körpers ändert sich auch unser Essverhalten. Wir haben das Bedürfnis, uns gesund, zumeist vegetarisch zu ernähren und der Genuss von Alkohol nimmt merklich ab. Zahlreiche Blockaden in unserem feinstofflichen Körper werden transformiert. Unser Energiefeld und somit unsere Ausstrahlung wächst von Tag zu Tag.
Je nachdem, welche Blockaden gerade transformiert werden, können vorrübergehend auch Reinigungssymptome auf der seelischen und geistigen Ebene auftreten. Alte Themen, und teils heftig, die wir schon meinten abgearbeitet zu haben, können nochmals kurz aufkommen, bevor sie dann entgültig transformiert werden.

Die Christusenergie

Da die Christusenergie Schmerz transformiert, kann es Tage geben, in denen Du Dich traurig fühlst, an denen alter Schmerz, meist nur stundenweise, noch einmal intensiv erlebt wird. Nimm den Schmerz in Liebe an, damit er sich in neue Freude transformieren kann, die bald auch in Deinem Leben sichtbar wird. Du beginnst Dich immer mehr der Liebe zu öffnen, strahlst Liebe aus, und Liebe kommt in vielerlei Gestalt zu Dir zurück. Du erkennst, dass Liebe die höchste existierende Energieform ist.

Wichtig während der zweite Erleuchtungsphase:

Stimme Dich gemäss Deiner inneren Führung regelmässig in die einzelnen Erzengelenergien sowie die Christusenergie ein. Bemühe Dich dabei um ein konsequentes Arbeiten mit den Energien und um eine gesunde Lebensweise. Ernähre Dich möglichst vegetarisch und trinke wenig oder gar keinen Alkohol. Achte auf eine ausreichende Flüssigkeitsaufnahme. Nimm Dir Zeit für Dich selbst. Gönne Dir evtl. Ganzkörpermassagen sowie genügend körperliche Bewegung.

Energiearbeit für die zweite Engel's Reiki Erleuchtungsphase:

Die Erzengelenergien

- sehr intensive Reinigung, Transformation und Bewusstwerdung -

Die Erzengelenergien sind sehr lichtvolle Energien, die der Göttlichen Quelle sehr nahe sind. Jede Erzengelenergie stellt einen Aspekt Gottes dar, ist also ein Teil des Ganzen. Indem die Energien auf allen Ebenen reinigen, werden unsere Blockaden in kurzer Zeit transformiert. Wir dürfen durch diese Göttlichen Energien riesige Bewusstseinsschritte machen. Die einzelnen Erzengelenergien unterstehen den jeweiligen Erzengeln. Während der Einstimmung in eine Erzengelenergie bist Du völlig geschützt. Es fliesst nur soviel Energie, wie Du im jeweiligen Augenblick von der entsprechenden Erzengelenergie aufnehmen sollst. Du kannst nichts falsch machen. Lasse Dich bei der Entscheidung, welche Erzengelenergie Du momentan für Deine Transformation benötigst, von Deiner inneren Führung leiten. Bleibe dabei gemäss Deinem inneren Bedürfnis über eine längere Phase bei der gleichen Erzengelenergie. Arbeite auf diese Weise sämtliche Erzengelenergien einzeln in Deiner individuellen Reihenfolge durch.

Übersicht über die Erzengelenergien

Metatron: Gott ist mein Licht

Qualität dieser Energie:
Diese Energie ist sehr feinschwingend. Ich nehme sie als weiss-silbriges Licht wahr. Bei einer Einstimmung in die Energie fühlt man sich leicht wie eine Feder, emporgehoben, von aller irdischen Last befreit und von einem unbeschreiblichen Glücksgefühl durchflutet; man ist eins mit Gott und der ganzen Schöpfung. Man fühlt sich vollkommen beschützt, vermag alle seine irdischen Probleme von einer höheren Warte aus zu betrachten und schöpft neue Kraft für deren Bewältigung. Nach einer Meditation mit dieser Energie bedarf es einige Zeit, um wieder ganz in unsere Dimension zurückzukehren. Daher empfiehlt es sich, diese in den Abend zu legen.

Thema und Anwendungsgebiet:

- Wunsch nach Einssein mit der Göttlichen Quelle, der allumfassenden Liebe
- Urvertrauen
- In Phasen, in denen wir stark unter den Lasten des irdischen Daseins leiden
- Um unser Energiefeld zu reinigen und unsere Schwingung zu erhöhen
- Wann immer wir den inneren Wunsch nach dieser Energie verspüren

Jophiel: Gott ist meine Wahrheit

Qualität dieser Energie:
Diese Energie ist sehr beschwingend. Sie öffnet intensiv das Kronenchakra, aktiviert unsere ausserkörperlichen Chakren und gewährt uns Einblick in höhere Dimensionen. Ich nehme diese Energie als goldfarbenes, weisses, strahlendes Licht wahr. Während der Einstimmung in diese Energie kann uns vieles bewusst werden, und wir vermögen ohne Mühe Informationen aus höheren Dimensionen in verschiedenster Form zu empfangen.

Thema und Anwendungsgebiet:

- Bewusstwerdung auf einer sehr hohen Ebene
- Zur Aktivierung der ausserkörperlichen Chakren
- Um höhere Seinsanteile zu integrieren
- Zur Bewusstseinserweiterung
- Um die Geistige Welt besser wahrnehmen zu können
- Um unsere Berufung zu erkennen
- Selbsterkenntnis und Selbstverwirklichung
- Bei Selbstzweifel
- Um unser Energiefeld zu reinigen, Blockaden zu transformieren und unsere Schwingung zu erhöhen
- Wann immer wir den inneren Wunsch nach dieser Energie verspüren

Zadkiel: Gott ist mein Bewusstsein

Qualität dieser Energie:
Ich nehme diese Erzengelenergie als violett leuchtendes, strahlendes Licht wahr. Bei der Einstimmung in diese Energie spüre ich, dass mein Stirnchakra zu vibrieren beginnt und sich mein Bewusstsein stark erweitert. Diese Energie vermag uns in Phasen verstärkter Arbeit an unserer Bewusstwerdung sehr hilfreich zu sein.

Thema und Anwendungsgebiet:

- Bewusstwerdung
- Transformation von Blockierenden Gedanken und Glaubensmuster
- Vollkommenheit
- Vergebung und Erlösung
- Die unermessliche Gnade Gottes spüren
- Um unser Energiefeld zu reinigen, Blockaden zu transformieren und unsere Schwingung zu erhöhen
- Wann immer wir den inneren Wunsch nach dieser Energie verspüren

Michael: Gott ist meine Reinheit

Qualität dieser Energie:
Die Energie des Erzengels Michael ist sehr stark pulsierend. Ich nehme sie in royalblauem, strahlendem Licht wahr. Eine Einstimmung in diese Energie wirkt tief reinigend und schützend; man fühlt sich gestärkt und wieder allen Aufgaben gewachsen. In Momenten der Bedrängnis kann Erzengel Michael jederzeit als Beschützer gerufen werden. Ferner können wir ihn bitten, in Göttlicher Liebe die Energiebande zu Menschen, die uns Energie rauben, zu durchtrennen. Ausserdem hat Erzengel Michael – als Hüter des Karmas – die Macht, Karma sehr schnell zu transformieren, wenn wir ihn reinen Herzens darum bitten.

Thema und Anwendungsgebiet:

- Energetische Reinigung
- Durchtrennen von ungesunden, energetischen Verbindungen zwischen Menschen
- Klärung von Situationen
- Karmatransformation
- Bitte um Schutz
- Um unser Energiefeld zu reinigen, Blockaden zu transformieren und unsere Schwingung zu erhöhen
- Wann immer wir den inneren Wunsch nach dieser Energie verspüren

Haniel: Gott ist meine Macht

Qualität dieser Energie:
Die Energie des Erzengels Haniel nehme ich in weiss-blauem Licht wahr. Diese hat für mich die Qualität eines Schlüssels zu uns selbst. Sie hilft uns, unsere eigene wahre Grösse zu erkennen und zu leben. Besonders wohltuend wirkt sie in Phasen, in denen uns Selbstzweifel plagen – wir uns von uns selbst entfernt haben.

Thema und Anwendungsgebiet:

- Um unsere eigene Grösse zu erkennen und zu leben
- Selbsterkenntnis
- Selbstvertrauen
- Selbstverwirklichung
- Um unser Energiefeld zu reinigen, Blockaden zu transformieren und unsere Schwingung zu erhöhen
- Wann immer wir den inneren Wunsch nach dieser Energie verspüren

Raphael: Gott ist mein Heilsein

Qualität dieser Energie:
Diese ist die Göttliche Energie der Heilung. Ich nehme sie als türkis bis grün schillerndes, sehr wohltuendes, sanftes Licht wahr. Sie heilt auf der seelischen, geistigen und körperlichen Ebene. Diese Energie bringt uns in Phasen, in denen wir in irgendeiner Form erkrankt sind, ganzheitlich Heilung. Wir können diese Energie sowohl für uns als auch für andere einsetzen.

Thema und Anwendungsgebiet:

- Ganzheitliche Heilung – Heilwerdung auf allen Ebenen
- Erkennen von Krankheitsursachen
- Wenn wir uns in irgend einer Form verletzen liessen
- Zusammenführung der Seelenfamilie
- Um unser Energiefeld zu reinigen, Blockaden zu transformieren und unsere Schwingung zu erhöhen
- Wann immer wir den inneren Wunsch nach dieser Energie verspüren

Chamuel: Gott ist meine Liebe

Qualität dieser Energie:
Die Energie des Erzengels Chamuel nehme ich als sehr sanftes, rosa-goldfarbenes Licht wahr. Sie öffnet sehr stark das Herzchakra und lässt uns intensiv die Liebe Gottes spüren; sie spendet Göttlichen Trost. Die Energie heilt unsere inneren Verletzungen, so dass wir uns wieder emotional zu öffnen vermögen. Diese Energie wirkt auch harmonisierend bei Partnerschaftsproblemen und disharmonischen, zwischenmenschlichen Beziehungen.

Thema und Anwendungsgebiet:

- Löst emotionale Blockaden
- Hilft uns, unsere Gefühle zu leben
- Lässt uns die Göttliche Liebe spüren
- Offenbart uns die Feinheit in uns und in anderen
- Harmonisiert zwischenmenschliche Beziehungen
- Um unser Energiefeld zu reinigen, Blockaden zu transformieren und unsere Schwingung zu erhöhen
- Wann immer wir den inneren Wunsch nach dieser Energie verspüren

Gabriel: Gott ist meine Glückseligkeit

Qualität dieser Energie:
Die Energie des Erzengels Gabriel nehme ich als weiss-goldenes, funkelndes Licht wahr. Man fühlt sich beschwingt und glückselig, hat wieder Spass am Leben und geht wieder mit kindlicher Freude und Unbefangenheit, Leichtigkeit und Optimismus an seine Aufgaben heran. Besonders erquickend wirkt diese Energie in Phasen, in denen uns die Lebensfreude abhanden gekommen ist.

Thema und Anwendungsgebiet:

- Freude und Glückseligkeit
- Die Schönheit der Göttlichen Schöpfung zu erkennen
- Die eigene Schönheit anzunehmen
- Freude und Glück im eigenen Leben zu manifestieren
- In depressiven Phasen
- Um unser Energiefeld zu reinigen, Blockaden zu transformieren, unsere Schwingung zu erhöhen
- Wann immer wir den inneren Wunsch nach dieser Energie verspüren

Uriel: Gott ist meine Schöpferkraft

Qualität dieser Energie:
Die Energie des Erzengels Uriel nehme ich als rubinrotes, stark pulsierendes, belebendes Licht wahr. Diese Energie wird auch als Schöpferenergie bezeichnet. Sie stärkt uns auf allen Ebenen und gibt uns die Kraft, unsere Erkenntnisse in die Materie umzusetzen.

Thema und Anwendungsgebiet:

- Umsetzung in die Materie
- Neue Lebens- und Durchsetzungskraft
- In Situationen, in denen es darum geht, Vorhaben in die Tat umzusetzen
- In Phasen mangelnder Kraft
- Auflösen von Ängsten
- Erlangen von Lebensmut
- Bei finanziellen Problemen
- Um unser Energiefeld zu reinigen, Blockaden zu transformieren und unsere Schwingung zu erhöhen
- Wann immer wir den inneren Wunsch nach dieser Energie verspüren

Aufnahme der Erzengelenergie:

Setze oder lege Dich bequem hin und schliesse Deine Augen.

Erde Dich!

Lege Deine Hände auf Dein Herzchakra. Sprich laut oder in Gedanken je 3x

Ich öffne mich der Energie des Erzengels ...
Ich öffne mich der Energie des Erzengels ...
Ich öffne mich der Energie des Erzengels ...

Spüre in Dankbarkeit wie sich diese sehr lichtvolle, kraftvolle Energie der Göttlichen Transformation durch Dein Kronenchakra in Deinen Körper und Dein Energiefeld ergiesst.

Solltest Du das innere Bedürfnis verspüren, so lege Deine Hände während der Energieaufnahme auch auf andere Körperstellen.

Energieaufnahme bis Ende Energiefluss (ca. 15 Min.)

Bedanke Dich!

Der Weg der Liebe

Meine Brüder und Schwestern, meine Kinder des Lichts

Öffnet eure Herzen der Göttlichen Liebe.
Befreit euch von eurem Leiden. Erlöst euch in Liebe.
Liebe ist alles und alles ist nichts ohne Liebe.
Ihr seid alle Geschöpfe des Lichts.
Lasst euren göttlichen Kern leuchten.
Erblüht, erstrahlt, erkennt, wer ihr wirklich seid.
Ihr seid Liebe. Ihr seid Licht. Ihr seid die Boten der
GÖTTLICHEN LIEBE UND DES GÖTTLICHEN LICHTS.
Ihr seid gekommen, um der Erde die Liebe zu bringen.
Ihr seid gekommen,
um das Paradies auf Erden zu schaffen.

Erfüllt eure Mission. *Erstrahlt in Liebe.*

Jesus Christus

Gechannelt aus dem Christusbewusstsein
durch Anisis
2002

Das Christusbewusstsein

- Unbegrenzte, universelle Göttliche Liebe -

Das Christusbewusstsein ist unbegrenzte, reine Göttliche Liebe. Diese einfache Aussage vermag nachhaltig, sowohl Dein Leben wie auch das der Welt insgesamt zu verändern. Dieses Bewusstsein der allumfassenden Liebe ist in jedem von uns – für alle Zeit – in unserem Herzchakra verankert; wir brauchen es nur zu reaktivieren. Je häufiger Du Dich in die Christusenergie einstimmst, umso mehr wird sich Dir das Christusbewusstsein auf sehr individuelle Art offenbaren. Es bringt Dich zum Erblühen und verändert Dein Leben in einer Weise wie Du es nie für möglich gehalten hättest.

Christus wird zu Deinem spirituellen Lehrer

Während der zweiten Engel's Reiki Erleuchtungsphase beginnt sich Dir das Christusbewusstsein sehr intensiv zu offenbaren. Christus wird zu Deinem persönlichen, spirituellen Lehrer. Er wird in der für Dich geeigneten Form Zugang zu Dir finden. Vielleicht darfst Du ihn sehen, wirst ihn hören oder einfach seine Gegenwart spüren. Er wird Dir während dieser Phase ein sehr liebevoller Lehrmeister sein, indem er Dich die Weisheiten der Liebe lehrt, die Du für Deinen Weg benötigst.

Botschaften aus dem Christusbewusstsein:

Empfangen durch Anisis

- Jesus Christus und das Christusbewusstsein -

Zunächst möchte ich Dir den Unterschied zwischen Jesus und dem Christusbewusstsein erläutern – so wie es mir von ihn gelehrt wurde. Das Christusbewusstsein umfasst das Höhere Selbst von Jesus. Teile dieses Bewusstseins reinkarnierten damals in die menschliche Hülle von Jesus. Selbst Jesus war es während seines Erdenlebens nicht möglich, dieses Bewusstsein der unbegrenzten Liebe stets voll zu leben. Auch er kannte Emotionen wie Zweifel, Angst, Wut etc. Gerade diese Tatsache prädestiniert ihn als Aufgestiegener Meister, sehr viel Verständnis für unsere menschlichen Begrenzungen aufzubringen. In der Verkörperung als Aufgestiegener Meister ist er nun eins mit dem Christusbewusstsein. Möchte er sich uns als spiritueller Lehrer zeigen, so wird er dies in der Regel nicht in reiner Energieform tun, sondern in der Gestalt des Jesus Christus, damit wir besser Zugang zu ihm finden.

- Der Weg der Liebe -

- Liebe ist alles und ohne Liebe ist alles nichts -

In den letzten Jahren hat mich mein spiritueller Lehrer Jesus Christus vieles gelehrt. Zu Beginn erschien mir Christus in der Gestalt Jesu seltener, während der zweiten Erleuchtungsphase dann häufiger, um mir Schritt für Schritt den Weg der allumfassenden Liebe zu lehren. Zunächst hatte auch ich Mühe, seine Botschaften im täglichen Leben umzusetzen, da auch ich mich von der Liebe entfernt hatte, obwohl ich der Meinung war, lichtvoll zu leben und zu wirken.

Werte nicht! Nicht über Dich und nicht über Andere!

Jeder Mensch und jedes Wesen ist in seinem Kern Göttlich und einmalig. Gott liebt jedes Wesen in gleicher Weise, ungeachtet seiner augenblicklichen Verkörperungsform sowie seines momentanen Bewusstseins; gleich einer Mutter, die ihrem Baby – obwohl es noch nicht gehen und sprechen kann – das gleiche Mass an Liebe entgegenbringt, wie später dem erwachsenen Kind. Allerdings verlangt Gott auch von uns, dass wir jedes Wesen mit Respekt und Liebe behandeln.
Früher – und das ist noch gar nicht so lange her – gab es für mich Menschen mit reiner Schwingung, denen ich zugetan war, wohingegen ich mich von Menschen mit niederer Schwingung fernhielt. Gross war meine Angst, von ihnen energetisch verunreinigt zu werden. Durch meine Bewertung trat trotz eigener, umfangreicher, energetischer Schutzmassnahmen – insbesondere bei Menschenansammlungen – genau dieses ein. Heute bemühe ich mich, allen Wesen in Liebe zu begegnen, in jedem den Göttlichen Kern zu

sehen, in jedem Gott zu begegnen. Indem ich mich auf das Licht im Menschen konzentriere, begegnet mir auch vorwiegend die lichtvolle Seite im Menschen. Ich bin von wundervollen Menschen umgeben, die mir helfen, mich achten und lieben; ich bin umgeben von Liebe.

- Das Geheimnis des Strahls der Liebe -

Die höchste Energieform beherbergen wir in unserem Herzen. Wir alle dürfen und sollen sie täglich für uns und andere nutzen. Sende jedem Menschen, jedem fühlenden Wesen, aus Deinem Herzchakra einen Strahl der Liebe und Dein Leben wird sich verändern. Du wirst erblühen – Du wirst erstrahlen in Göttlicher Liebe. All Deine Blockaden werden sich in Dir lösen; damit wird sich auch Dein Erleben ändern. Du wirst Deinen Frieden und Deine Erfüllung finden; mehr noch – Du wirst Glückseligkeit leben. Aller Schatten wird sich in und um Dich in Liebe transformieren; das Paradies auf Erden wirst Du Dir erschaffen.

Umsetzung:

Sende jedem Menschen, dem Du begegnest, mit dem Du telefonierst oder an den Du denkst, einen Strahl der allumfassenden bedinungslosen Liebe aus Deinem Herzchakra. Die Quelle der Liebe in Deinem Herzchakra ist unerschöpflich. Je mehr Liebe Du sendest, desto intensiver erstrahlst Du. Spüre, wie Dein Herzchakra sich öffnet, wie es zu strahlen beginnt, wie der Strahl der Liebe Dein Gegenüber erreicht und wie die Liebe und das Licht als Resonanz zu Dir zurückkehren.

Bedenke immer – je mehr Mühe Du mit Deinem Gegenüber hast, umso mehr leidet dieser Mensch. Schenke ihm also ein Höchstmass Deiner bedingungslosen Liebe. Mit der Zeit wirst Du feststellen, dass Du, ohne Dir darüber bewusst zu sein, automatisch die

Schwingung der Liebe aussendest. Ich lehre meine Seminarteilnehmer, meine Klienten, alle Menschen, die für die Botschaft offen sind, einen Strahl der allumfassenden Liebe aus ihrem Herzchakra zu senden. Viele stehen dem anfangs skeptisch gegenüber. Menschen, die man mag, Liebe zu senden, ist für viele nachvollziehbar, nicht jedoch denen Liebe zu senden, die einem nicht wohlgesonnen sind. Dies bereitet Menschen anfangs Mühe und Angst. Haben sie sich jedoch einmal auf diesen Weg eingelassen, berichten sie mir voller Begeisterung über ihre unglaublichen Erfahrungen. Ich freue mich, bin dankbar und sehr glücklich, dass bereits unzählige Menschen unterschiedlicher Herkunft und Ausbildung Liebe senden. Viele konnte ich mit Hilfe des Lichts davon überzeugen, Liebe zu senden und damit Schatten in Licht zu transformieren. Dadurch brachten sie nicht nur in ihr Leben Liebe und Licht, sondern der Erde insgesamt. **Hilf auch Du dem Licht, um Dein und unser aller Paradies der Liebe auf Erden zu erschaffen. Sende bedingungslose Liebe, sende sie täglich und allen, immer und unter allen Umständen.**

- Die Erlösung vom Urkarma durch Jesus Chrisus -

Die meisten Menschen, die mir begegnen, möchten den Weg der Liebe gehen und leben. Die grosse Angst, leiden zu müssen wie Jesus Christus, hält sie jedoch von der Umsetzung ab. Jesus Christus wurde allerdings nicht Opfer seiner Lehre der Liebe. Er wählte diesen Weg des Schmerzes, um die Menschheit zu erlösen. Vor seinem bewussten Leiden am Kreuze konnte Karma in den meisten Fällen nur aufgelöst werden, indem es nochmals durchlebt wurde. Unser Urkarma bauten wir in Atlantis auf. Damals wollten die Menschen wie Gott sein. Sie verfügten über grosses Wissen. Sie begannen sehr machtvoll zu wirken, vergassen dabei jedoch mehr und mehr, dass Gott Liebe ist. Damit richteten sie grossen energetischen Schaden an und erschufen das die Menschheit fortan belastende Urkarma.
Jesus Christus kam als Erlöser dieses Urkarmas auf die Erde, um uns die unermessliche Göttliche Liebe zu lehren. Nur er konnte – aus der Grösse des Christusbewusstseins heraus – die Menschheit vom Urkarma erlösen. Sein Leiden als Mensch am Kreuz transformierte das Urkarma in Liebe. Nun sind wir frei.

- Liebe Deinen Nächsten wie Dich selbst -

Der Weg der Liebe steht nur den Menschen offen, die sich in Liebe – mit all Ihren Schatten – annehmen können. Solange ein Mensch sich nicht wahrhaft liebt, ist es ihm auf Dauer unmöglich, seinen Nächsten und der ganzen Schöpfung wahrhaft in bedingungsloser Liebe zu begegnen. Desto tiefer Du Dich der Christusenergie und somit dem Christusbewusstsein öffnest, umso mehr wirst Du alle Deine Schatten im Jetzt annehmen können und somit auch den Weg der Liebe leben. Für Dich, die Erde und die ganze Schöpfung.

Sprich täglich mehrfach je 3x:

Ich nehme mich in grosser Liebe an,
so wie ich bin im JETZT.

....

Ich nehme mich in grosser Liebe an,
so wie ich bin im JETZT.

....

Ich nehme mich in grosser Liebe an,
so wie ich bin im JETZT.

Meine persönlichen Erfahrungen mit der zweiten Engel's Reiki Erleuchtungsphase

Während dieser Phase arbeitete ich sehr intensiv mit den Erzengelenergien. Gemäss meiner inneren Führung stimmte ich mich täglich in die entsprechende Erzengelenergie ein. Bei manchen Erzengelenergien verweilte ich Wochen, bei anderen nur Tage. Die ersten drei Tage erlebte ich immer sehr intensiv. Oft war ich versucht, die entsprechende Erzengelenergie durch eine andere zu ersetzten, da ich die Symptome der Reinigung anfangs als sehr unangenehm erlebte. Es gab Tage, an denen ich mich sehr schlecht und niedergeschlagen fühlte und Blockaden, die ich schon längst aufgelöst glaubte, brachen nochmals machtvoll durch. Ich blieb jedoch konsequent bei der Arbeit mit der jeweiligen Energie. Schon nach wenigen Tagen zeigte sich der Erfolg. Ich fühlte, wie sich ein grosser Teil meines Schattens in Licht transformiert hatte. Befreit von Blockaden, die mein spirituelles Fortkommen behindert hatten, steigerte sich meine Lebensfreude erheblich. Die entsprechende Resonanz zeigte sich mehr und mehr im Aussen. Probleme begannen sich zu lösen, und ich begann meinen spirituellen Auftrag für dieses Leben zu erkennen. So wie sich Veränderungen auf der psychischen und geistigen Ebene vollzogen, zeigten sich diese auch auf der körperlichen Ebene. Objektiv gesehen war ich nie übergewichtig und grundsätzlich mit meinem Körper zufrieden. Dennoch stellte ich fest, dass sich – alleine durch das Arbeiten mit den Erzengelenergien und der damit verbundenen Reinigung – mein Körpergewicht reduzierte. Das hatte zur Folge, dass mein Körper straffer und schöner wurde. Allerdings zeigten sich bei einzelnen Erzengelenergien während der Entgiftungsphase z.T. tagelang anhaltende Begleiterscheinungen, u.a. geschwollene Beine und Gelenkschmerzen.

Die Christusenergie öffnete mir sehr stark mein Herzchakra, und das Christusbewusstsein begann sich mir intensiv zu erschliessen. Ich spürte mehr und mehr Liebe in mir und den starken Wunsch, diese Liebe auch zu leben. Empfand ich die Erzengelenergien anfangs eher unangenehm, so fühlte ich die Christusenergie immer wie eine seelische Erquickung. Sie erfüllte mich mit bedingungslo-

ser Göttlicher Liebe. Alter Schmerz wandelte sich um in Liebe; ich begann alle Menschen wahrhaft zu lieben.
Auch meine Selbstliebe verstärkte sich zunehmend. Ich konnte mir selbst sowie Menschen, von denen ich mich im Laufe der Jahre verletzen liess, in Liebe verzeihen. Die Liebe hielt mehr und mehr Einzug in mein Leben. Häufig zeigte sich mir in dieser Phase Christus, um mich den Weg der Liebe zu lehren. Für die Erde empfing ich zahlreiche Botschaften aus dem Christusbewusstsein. Während dieser Phase wurde mir bewusst, dass es in diesem Leben meine höchste Aufgabe ist, den Menschen den Weg der Liebe zu lehren.

Engel's Reiki – die dritte Erleuchtungsphase

- Vertrauen in Gott und den Göttlichen Plan -
- Sorge Dich nicht! - Vertraue ! -

Das Hauptthema der dritten Erleuchtungsphase ist das Vertrauen in Gott und den Göttlichen Plan. Durch die gleichzeitige Einstimmung in alle Erzengelenergien erfolgt eine nochmalige intensive Reinigung, sowie eine weitere Anhebung unseres Bewusstseins. Die Einstimmung in unser Höheres Selbst ermöglicht uns, unsere eigene Grösse sukzessiv zu erkennen und zu leben. Wir fühlen uns immer stärker und lichtvoller; wir und damit unser Leben werden immer reiner und reiner.

Engel's Reiki Energien für die dritte Erleuchtungsphase:

Hauptenergien: Vereinte Erzengelenergien, Energie unseres Höheren Selbst, Christusenergie

- Gleichzeitige, tägliche Einstimmung in alle Erzengelenergien
- Tägliche Einstimmung in die Energie unseres Höheren Selbst
- Regelmässige Einstimmung in die Christusenergie *gemäss Deiner inneren Führung*

....

Unterstützende Energien: Engelenergie, Krafttierenergie, Reiki

....

Es ist möglich, sich am gleichen Tag in mehrere Energien einzustimmen.

....

Dauer der dritten Erleuchtungsphase: ca. 1 Monat
Gehe erst dann zur Energiearbeit der nächsten Erleuchtungsphase über, wenn Dir Deine innere Führung dazu rät.

Reinigungsgrad: Intensivste Reinigung

Wirkungsübersicht für die dritte Erleuchtungsphase:

Erzengelenergien

Durch das tägliche, gleichzeitige Einstimmen in alle Erzengelenergien, findet eine nochmalige Intensivreinigung aller Schichten Deines Energiekörpers statt. Dabei stellen sich zahlreiche Reinigungssymptome ein.
Freue Dich darüber, denn sie signalisieren Dir, dass Du reiner und reiner wirst; Lebens- und Essgewohnheiten ändern sich. Da sich Deine Schwingung erhöht, vermagst Du riesige Bewusstseinsschritte zu machen. Altes Wissen aus all Deinen vergangenen Leben wird aktiviert.
Du erwachst aus einem Schlaf des Vergessens, der unzählige Leben gedauert hat. Dein unbegrenztes Wissen beginnt sich zu aktivieren.

Energie Deines Höheren Selbst

Durch die tägliche Einstimmung in die Energie Deines Höheren Selbst beginnst Du, Deine wahre Grösse zu erkennen. Selbstzweifel transformieren sich in Selbstwert und aus dem neuen Selbstbewusstsein heraus traust Du Dir – auch im täglichen Leben – mehr und mehr zu. Es gelingt Dir zunehmend, Vorhaben zu realisieren.
Starke innere Kraft erfüllt Dich, und Du erntest zunehmend Lob und Anerkennung im Aussen. Menschen, die Dich früher übersahen, beginnen nun, Deine volle Grösse zu erkennen, Dich zu achten und Deinen Rat einzuholen.

Christusenergie

Das gelegentliche Einstimmen in die Christusenergie unterstützt diese Erleuchtungsphase durch die Energie der Liebe. Du lernst Deine energetische Macht, die nun kontinuierlich zunimmt, in Liebe zu nutzen.

Wichtig während der dritten Erleuchtungsphase:

Stimme Dich täglich gemeinsam in alle Erzengelenergien sowie in die Energie Deines Höheren Selbst ein. Unterstütze dieses Tun durch gelegentliches Einstimmen in die Christusenergie. Übe Dich täglich im Vertrauen in die Göttliche Führung : **Sorge Dich nicht – vertraue!**

Energiearbeit für die dritte Engel's Reiki Erleuchtungsphase:

Alle Erzengelenergien vereint

- intensivste Reinigung, Transformation und Bewusstwerdung -

Durch die gemeinsame Einstimmung in die Erzengelenergien werden alle Aspekte dieser Energien vereint. Blockaden, die in der 2. Erleuchtungsphase nur zum Teil transformiert wurden, beginnen sich nun sehr schnell aufzulösen. Auch beim gemeinsamen Einstimmen in alle Erzengelenergien fliesst die Energie immer nur in der Zusammensetzung und Intensität wie Du sie momentan benötigst; Du bist stets vollkommen geschützt.

Den gebündelten Strahl der Erzengelenergien wirst Du als sehr angenehm empfinden, gleichsam, als ob Du in eine höhere Dimension gehoben würdest. Sei Dir dabei immer bewusst, dass es eine grosse Gnade ist, so viele lichtvolle Energien auf einmal empfangen zu dürfen.

Aufnahme von allen Erzengelenergien:

Setze oder lege Dich bequem hin und schliesse Deine Augen.

Erde Dich!

Lege Deine Hände auf Dein Herzchakra. Sprich laut oder in Gedanken je 3x

Ich öffne mich den Erzengelenergien
Ich öffne mich den Erzengelenergien
Ich öffne mich den Erzengelenergien

Spüre in Dankbarkeit wie sich diese sehr lichtvollen, kraftvollen Energien der Göttlichen Transformation durch Dein Kronenchakra in Deinen Körper und Dein Energiefeld ergiessen.

Solltest Du das innere Bedürfnis verspüren, so lege Deine Hände während der Energieaufnahme auch auf andere Körperstellen.

Energieaufnahme bis Ende Energiefluss (ca. 15 Min.)

Bedanke Dich!

Geliebter
Geliebte

Du bist die Sonne die ich bin
Du bist die Sonne die ich immer war
Du bist die Sonne die ich sein werde
Du bist der Stern am Firmament
Du bist der Diamant
Öffne Dein Herz
Gehe dem Sonnenaufgang entgegen
Erstrahle
Erstrahle
Erstrahle
Werde eins mit mir
Werde eins mit Dir
Werde eins mit mir
Werde eins mit Dir
Werde eins mit mir
Werde eins mit Dir
Öffne Dein Herz
Erhelle das Universum
Kehre heim
Erhelle die ganze Schöpfung
Kehre heim
Bringe der Mutter Erde
Die Freude
Die Liebe und das Licht

Empfangen aus dem Göttliche Bewusstsein
durch Anisis
28.07.2003

Die Energie unseres Höheren Selbst

Buddha, mein spiritueller Lehrer, lehrte mich, dass unser Höheres Selbst unser Sein in seiner höchsten Potenz ist. Zu verdeutlichen ist dieser Sachverhalt an einem Sonnenblumenkern. Die voll entfaltete Pflanze ist im Kern bereits energetisch gespeichert. Legen wir nun den Sonnenblumenkern in feuchte Erde und versorgen ihn mit Licht und Wasser, so beginnt er sein Potential zu entfalten, sozusagen in seine Endgestalt hineinzuwachsen. Entsprechend tragen wir unser Höheres Selbst – unser Sein in seiner höchsten Potenz – bereits in uns. Unsere Aufgabe ist es nun, in unser Höheres Selbst hineinzuwachsen. Wir können uns dies auch in Form eines Computers vorstellen. Auf dem Weg der Bewusstwerdung aktivieren wir immer mehr Programme. Je mehr wir unser Höheres Selbst auszufüllen beginnen, umso mehr erstrahlen wir. Wir erkennen und leben unser volles Potential.

In unserem Höheren Selbst ist alles Wissen unserer zahlreichen Verkörperungen aus allen Dimensionen gespeichert; es erschliesst uns unbegrenzte Weisheit und lichtvolle Macht. Durch die regelmässige Einstimmung in die Energie unseres Höheren Selbst beginnen wir, Schritt für Schritt mit ihm zu verschmelzen. Oftmals wird uns dabei der Schwingungsname unseres Höheren Selbst wieder bewusst. Verwende diesen Namen möglichst häufig, da er die Schwingung Deines Höheren Selbst verkörpert und Deine Bewusstwerdung beschleunigt.

Immer wenn Du Dich in die Energie Deines Höheren Selbst einstimmst, wirst Du Dich sehr mit Dir selbst verbunden fühlen. Du spürst, wie Du aus Deinem Inneren heraus zu leuchten beginnst. Dabei kann immer nur soviel Energie fliessen, wie für Dich im Moment richtig ist. Du bist immer vollkommen geschützt.

Einstimmungsposition in die Energie unseres Höheren Selbst

Aufnahme der Energie unseres Höheren Selbst:

Setze oder lege Dich bequem hin und schliesse Deine Augen.

Erde Dich!

Lege Deine linke Hand auf Dein Herzchakra,
Deine rechte auf Dein Solarplexus-Chakra.
Sprich laut oder in Gedanken je 3x

Ich öffne mich der Energie meines Höheren Selbst
Ich öffne mich der Energie meines Höheren Selbst
Ich öffne mich der Energie meines Höheren Selbst

Spüre in Dankbarkeit wie sich diese sehr lichtvolle,
kraftvolle Energie Deines Höheren Selbst
durch Dein Kronenchakra in Deinen Körper
und Dein Energiefeld ergiesst.

Solltest Du das innere Bedürfnis verspüren, so lege Deine
Hände während der Energieaufnahme auch auf
andere Körperstellen.
Energieaufnahme bis Ende Energiefluss (ca. 15 Min.)

Bedanke Dich!

Vertrauen in Gott und den Göttlichen Plan

- Sorge Dich nicht – vertraue in Gott ! -

Die Engel's Reiki Energien der dritten Erleuchtungsphase machen Dir bewusst, dass alles im Einklang mit dem Göttlichen Plan geschieht. Vor ihrer Reinkarnation wählt jede Seele ihre Aufgaben, ihre Berufung für dieses Leben. Leben wir im Einklang mit dem Göttlichen Plan, so erfüllen wir mit Freude und Leichtigkeit unsere Berufung. Die Mittel dazu stellt uns die geistige Welt in Form von Situationen oder Menschen, die sie uns sendet, zur Verfügung; wir werden geistig geführt. Solange wir auf diese Führung vertrauen und wissen, dass alles Geschehen einen tieferen Sinn hat, erfüllen wir unseren Teil des Göttlichen Plans. Wenden wir uns dagegen von der Göttlichen Führung ab, um unsere eigenen Wege zu gehen, so werden wir gebremst. Es scheint, als stelle sich uns ein Hindernis nach dem anderen entgegen, bis hin zu dem Moment, in dem wir wieder im Einklang mit dem Göttlichen Plan sind. Sich zu sorgen heisst in Wahrheit, sich nicht auf Gott zu verlassen, ihm im Letzten nicht zu vertrauen. Sorgen sind negative Schwingungen, die nach dem Prinzip der Resonanz genau die Umstände anziehen und Wirklichkeit werden lassen, die wir befürchten; also sind wir stets Schöpfer unserer Wirklichkeit und nicht dessen Opfer.

Treten also zukünftig Sorgen und Zweifel in Dein Bewusstsein, so sprich laut oder in Gedanken je 3x:

Ich bin Göttliches Licht, ich vertraue in Gott.
Ich bin Göttliches Licht, ich vertraue in Gott.
Ich bin Göttliches Licht, ich vertraue in Gott.

Nur die Dinge, die dem Göttlichen Plan entsprechen, haben die Macht in mein Leben zu treten.

....

Nur die Dinge, die dem Göttlichen Plan entsprechen, haben die Macht in mein Leben zu treten.

....

Nur die Dinge, die dem Göttlichen Plan entsprechen, haben die Macht in mein Leben zu treten.

....

So sei es.
So sei es.
So sei es.

Je mehr Du dieses absolute Vertrauen leben kannst, umso lichtvoller wird Dein Leben. Natürlich können auch zukünftig Umstände in Dein Leben treten, die nicht Deinen menschlichen Vorstellungen über Dein Leben entsprechen. Sei Dir aber stets bewusst, dass sie in der Gesamtbetrachtung Deines Lebens immer positiv und lichtvoll sind; Du wirst durch sie lernen und an ihnen wachsen – vertraue einfach! Alles geschieht nur zu Deinem Besten.

Der Herr ist mein Hirte; mir wird nichts mangeln.
Er weidet mich auf grüner Aue
und führet mich zum frischen Wasser.
Er erquicket meine Seele.
Er führet mich auf rechter Strasse
um seines Namens willen.
Und ob ich schon wanderte im finstern Tal,
fürchte ich kein Unglück; denn du bist bei mir,
dein Stecken und dein Stab trösten mich.
Du bereitest vor mir einen Tisch
im Angesicht meiner Feinde.
Du salbest mein Haupt mit Öl und schenkest mir voll ein.
Gutes und Barmherzigkeit werden mir folgen
ein Leben lang,
und ich werde bleiben im Hause des Herrn immerdar.

Auszug aus Psalm 23
Altes Testament

Meine persönlichen Erfahrungen mit der dritten Engel's Reiki Erleuchtungsphase

Während dieser Phase wurde mir bewusst, dass ich ein Meister des negativen Denkens war. Es schien mir beinahe Vergnügen zu bereiten, mir einen negativen Verlauf meines Lebens auszumalen. Weiterhin erkannte ich, dass ich mich immer noch gerne als Opfer sah. Angst kam in mir auf, dass sich leidvolle Situationen aus der Vergangenheit wiederholen könnten und Erfolge zukünftig ausbleiben könnten. Ausserdem schulte diese Phase auf intensive Weise mein Vertrauen in Gott.

Zahlreiche Situationen traten in mein Leben, deren Bewältigung ein starkes Gottvertrauen erforderten. Immer wenn sich Sorgen einstellten, übergab ich diese symbolisch an Gott oder sagte: „Ich bin göttliches Licht..., ich vertraue in Gott..." Zum ersten Mal in diesem Leben fühlte ich mich sicher.

Zaghaft begann ich die Macht des bedingungslosen Vertrauens in Gott zu erkennen.

Engel's Reiki – die vierte Erleuchtungsphase

- Transformation unseres Ego in Selbstwert -

Die vierte Erleuchtungsphase transformiert unser Ego allmählich in Selbstwert. Dadurch vermag sich unser inneres, unbegrenztes Potenzial sehr schnell zu entfalten. Indem wir uns der Buddhaenergie öffnen, wird unsere innere Weisheit auf wunderbare Weise aktiviert. Wir erlangen Zugang zum Buddhabewusstsein und in kürzester Zeit sind uns riesige Bewusstseinschritte möglich. Wie in der 3. Erleuchtungsphase öffnen wir uns auch weiterhin täglich allen Erzengelenergien. Die vorangegangenen Erleuchtungsphasen haben uns bereits so intensiv gereinigt, dass wir sehr feinstofflich geworden sind. Daher wird die gelegentliche Aufnahme von Lichtnahrung in dieser vierten Erleuchtungsphase erforderlich.
Durch die regelmässige Einstimmung in unser Höheres Selbst erblühen wir mehr und mehr zu unserer wahren Grösse.

Engel's Reiki Energien für die vierte Erleuchtungsphase:

Hauptenergien: Energie unseres Höheren Selbst, Buddhaenergie, alle vereinten Erzengelenergien, Lichtnahrung

- Tägliche Einstimmung in die Energie unseres Höheren Selbst
- Tägliche Einstimmung in die Buddhaenergie
- Tägliche Einstimmung in alle vereinten Erzengelenergien
- Gelegentliche Aufnahme von Lichtnahrung

gemäss Deiner inneren Führung.

....

Unterstützende Energien: Christusenergie, Engelenergie, Krafttierenergie, Reiki

Es ist möglich, sich am gleichen Tag in mehrere Energien einzustimmen

....

Dauer der vierten Erleuchtungsphase: ca. 3 Monate

gemäss Deiner inneren Führung

Reinigungsgrad: Allmähliche Lichtwerdung

Wirkungsübersicht für die vierte Erleuchtungsphase:

Während dieser Erleuchtungsphase beginnst Du nun sehr feinstofflich zu werden und immer mehr zu erstrahlen. Du fühlst Dich befreit und unbelastet und bemerkst, wie Du mehr und mehr an Kraft gewinnst. Des weiteren reduziert sich Dein Schlafbedürfnis. Ausserdem beginnt sich Dein Essverhalten durch die Aufnahme von Lichtnahrung nochmals zu verändern. Deine Essportionen werden zunehmend kleiner, und Du sehnst Dich nach hochschwingender Nahrung. Dabei bleibt Dein Gewicht völlig stabil; es sei denn, es stände noch nicht im Einklang mit dem Göttlichen Plan. Durch die Aufnahme von Lichtnahrung wird ein nochmaliger körperlicher Reinigungsprozess ausgelöst.
In Folge nimmt Deine Ausstrahlung und Deine Schönheit mehr und mehr zu. Da Du immer mehr erstrahlst, wirst Du von Deiner Umwelt auch entsprechend positiv wahrgenommen. Dein Ego transformiert sich immer mehr in Selbstwert. Du fühlst Dich stärker und glücklicher, beginnst immer mehr Du selbst zu sein und erntest deshalb im Aussen Lob und Anerkennung. Damit wächst auch Dein Selbstvertrauen. Plötzlich wagst Du Dich an solche Projekte heran, von denen Dich Dein Ego – aus Versagensängsten heraus – abgehalten hat, mehr noch, Du bringst sie zu einem erfolgreichen Abschluss. Plötzlich bist Du zu Dingen fähig, die Du Dir vor geraumer Zeit niemals zugetraut hättest. Du hast immer häufiger Erfolg in Deinem Leben, wirst Deiner Berufung immer mehr gerecht.

Wichtig während der vierten Erleuchtungsphase:

Tägliches Einstimmen in die Energie Deines Höheren Selbst, in die Buddhaenergie sowie in alle Erzengelenergien zusammen, gelegentliche Aufnahme von Lichtnahrung, bewusste Auswahl der Nahrung gemäss Deiner inneren Führung.

Energiearbeit für die vierte Engel's Reiki Erleuchtungsphase:

Die Buddhaenergie

- Aktivierung unserer inneren Weisheit -

Die tägliche Einstimmung in die Buddhaenergie aktiviert unsere unbegrenzte, innere Weisheit, die sich uns offenbart. Wir erkennen Zusammenhänge, die für uns bis dahin im Verborgenen lagen. Die in uns gespeicherten Göttlichen Gesetze werden uns bewusst. Unser Verhalten beginnt sich in allen Lebensbereichen unserer hohen Schwingung anzupassen; Verhaltensweisen, die wir vor Kurzem noch als richtig erachtet haben, ändern wir. Buddha wird zu unserem spirituellen Lehrer im Alltag. Sich der Buddhaenergie zu öffnen ist ein unbeschreibliches Erlebnis; wir sind durchflutet von weiss-silbrigem Licht und erfüllt von absolutem Frieden und Weisheit. Es fliesst dabei nur so viel Energie, wie für uns richtig ist; wir sind immer vollkommen geschützt.

Aufnahme der Buddhaenergie:

Setze oder lege Dich bequem hin und schliesse Deine Augen.

Erde Dich!

Lege Deine Hände auf Dein Herzchakra. Sprich laut oder in Gedanken je 3x

Ich öffne mich der Buddhaenergie
Ich öffne mich der Buddhaenergie
Ich öffne mich der Buddhaenergie

Spüre in Dankbarkeit wie sich diese sehr lichtvolle, weiss-silbrige Energie der Göttlichen Weisheit durch Dein Kronenchakra in Deinen Körper und Dein Energiefeld ergiesst.

Solltest Du das innere Bedürfnis verspüren, so lege Deine Hände während der Energieaufnahme auch auf andere Körperstellen.

Energieaufnahme bis Ende Energiefluss (ca. 15 Min.)

Bedanke Dich!

Der Weg der Weisheit

Geliebte Schwester meiner Seele
Geliebter Bruder meiner Seele

Du bist unbegrenzt
Alles Wissen findest Du in Dir
Beende Deine Suche
Alle Antworten, auf alle Deine Fragen
sind in Dir.
Alles was je war, ist, oder je sein wird
ist in Dir.
ÖFFNE DEIN HERZ,
Gehe den Weg der Stille, finde Frieden und
erblühe in Weisheit.

Empfangen aus dem Buddhabewusstsein
durch Anisis
23.12.2002

Das Buddhabewusstsein

- Der Weg der Weisheit -

Der Aufgestiegene Meister Buddha lehrt uns den Weg der Weisheit. Öffnen wir unser Herz dem Buddhabewusstsein, so erschliesst sich uns Schritt für Schritt unbegrenztes, universelles Wissen. Buddha wird dabei zu unserem persönlichen Lehrer.

Weisheiten empfangen aus dem Buddhabewusstsein:

- Vergangenheit, Gegenwart und Zukunft sind eins -

Von meinem spirituellen Lehrer Buddha empfing ich diese tiefe Weisheit. Er erklärte mir, dass sich dieses Göttliche Gesetz nicht dem Intellekt erschliesst, sondern sich nur mit unserem Herzen erfassen lässt.
Zeit ist eine Erschaffung innerhalb unserer Polarität, damit wir uns als Göttliche Wesen erfahren können. Wenn Vergangenheit, Gegenwart und Zukunft miteinander verschmelzen, also eins sind, hat diese Erkenntnis weitreichende Folgen für unser Leben. Lösen wir z.B. Karma auf einer Ebene auf, so verändern wir damit gleichzeitig und auf lichtvolle Art und Weise alle drei Ebenen. Umgekehrt gilt: Erschaffen wir Karma auf einer Ebene, so wirkt sich dies im Sinne von Schatten ebenfalls auf alle Ebenen aus.

Schliesse Deine Augen, stimme Dich in die Buddhaenergie ein, und erfasse mit Deinem Herzen diese grosse Weisheit.

- Die Transformation von Schuld -

Buddha lehrte mich die Wichtigkeit, stets auf allen Ebenen sich und anderen zu vergeben. Die folgenden Worte sind sehr weise und machtvoll. Durch Vergebung transformieren sie auf allen Ebenen Schuld in Licht und Liebe.

Ich vergebe mir in der Vergangenheit,
in der Gegenwart und in der Zukunft.
Ich erkenne,
Vergangenheit, Gegenwart und Zukunft sind eins.

....

Ich vergebe mir in der Vergangenheit,
in der Gegenwart und in der Zukunft.
Ich erkenne,
Vergangenheit, Gegenwart und Zukunft sind eins.

....

Ich vergebe mir in der Vergangenheit,
in der Gegenwart und in der Zukunft.
Ich erkenne,
Vergangenheit, Gegenwart und Zukunft sind eins.

....

Ich vergebe Dir in der Vergangenheit,
in der Gegenwart und in der Zukunft.
Ich erkenne,
Vergangenheit, Gegenwart und Zukunft sind eins.

....

Ich vergebe Dir in der Vergangenheit,
in der Gegenwart und in der Zukunft.
Ich erkenne,
Vergangenheit, Gegenwart und Zukunft sind eins.

....

Ich vergebe Dir in der Vergangenheit,
in der Gegenwart und in der Zukunft.
Ich erkenne,
Vergangenheit, Gegenwart und Zukunft sind eins.

Lichtnahrung

In dieser Engel's Reiki Erleuchtungsphase erreicht Dein Körper allmählich eine Feinstofflichkeit, in der seine optimale Versorgung mit Energie durch herkömmliche Nahrungsmittel nicht mehr gewährleistet ist. Ohne die Aufnahme von Lichtnahrung würdest Du Dich oft müde und ausgelaugt fühlen, was Deinen weiteren Bewusstwerdungsweg stark beinträchtigen würde. Ausserdem wäre es Dir unmöglich, eine sehr hohe Feinstofflichkeit Deines grobstofflichen Körpers zu erlangen, da Dein Energiefeld nicht optimal versorgt würde; es wäre Dir nicht möglich, in Deiner vollen Pracht zu erblühen.
Lichtnahrung ist eine Göttliche Energie. Sie dient feinstofflichen Wesen als Nahrung der höchsten Potenz.

Bitte beachte: Du benötigst immer noch ausreichend herkömmliche Nahrung, denn Dein Körper ist noch nicht soweit gereinigt, als dass er sich ausschliesslich von Lichtnahrung ernähren könnte!

Sich der Lichtnahrung zu öffnen, ist ein sehr intensives Erlebnis. Du fühlst, wie diese etwas zähe, dickflüssige, Göttliche Energie über Dein Kronenchakra in Dich einströmt und Deinen Körper sowie Dein Energiefeld nährt und kräftigt. Mit der Zeit entwickelst Du ein Hungergefühl nach Lichtnahrung, das durch herkömmliche Nahrung nicht befriedigt werden kann. Je mehr Du Dich mit Lichtnahrung versorgst, umso optimistischer und dynamischer gehst Du Deine Aufgaben an. Gleichzeitig wird sich Dein Schlafbedürfnis verringern. Zu Beginn wird die Aufnahme von Lichtnahrung einen sanften Reinigungsprozess in Deinem Körper auslösen.

Einstimmungsposition in die Lichtnahrung

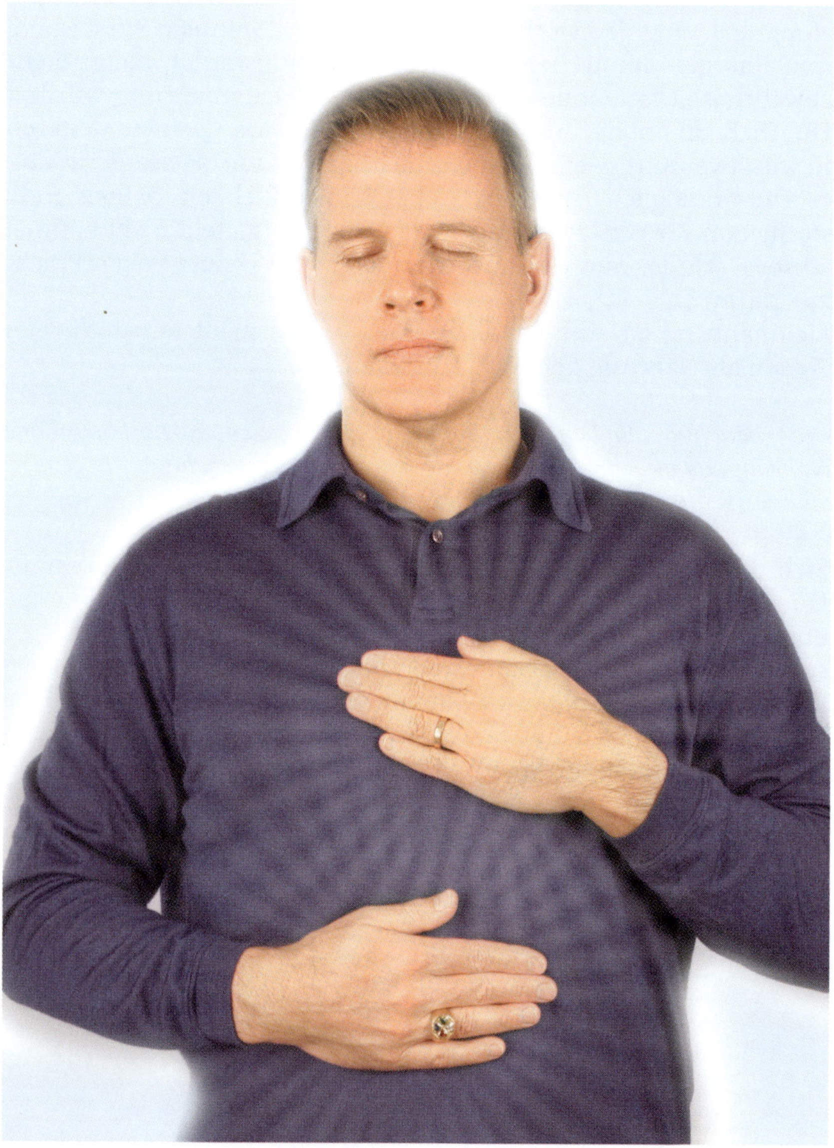

Aufnahme der Lichtnahrung:

Setze oder lege Dich bequem hin und schliesse Deine Augen.

Erde Dich!

Lege Deine linke Hand auf Dein Herzchakra.
Deine rechte Hand auf Dein Solarplexuschakra.
Sprich laut oder in Gedanken je 3x

Ich öffne mich der Lichtnahrung
Ich öffne mich der Lichtnahrung
Ich öffne mich der Lichtnahrung

Spüre in Dankbarkeit wie sich Lichtnahrung
durch Dein Kronenchakra in Deinen Körper
und Dein Energiefeld ergiesst.

Du darfst bei diesem Vorgang auch die Augen wieder öffnen
und Dich mit anderen unterhalten.

Energieaufnahme bis Ende Energiefluss (ca. 15 Min.)

Bedanke Dich!

Tabellarische Darstellung der Feinstofflichkeit der Nahrung:

Lichtnahrung

▲

Früchte

▲

Gemüse

▲

Erzeugnisse von Tieren (Milch, Käse etc.)

▲

Tiere

Meine persönlichen Erfahrungen mit der vierten Engel's Reiki Erleuchtungsphase

Vor Beginn dieser Phase war ich überzeugt, dass es sicherlich Monate dauern werde, mein Ego in Selbstwert zu transformieren. Umso überraschter war ich, dass diese Phase sich lediglich über drei Tage erstreckte. Die Einstimmung in die Buddhaenergie war für mich ein grosses Erlebnis – Buddha wurde zu meinem spirituellen Lehrer. Zahlreiche Zusammenhänge spiritueller Sachverhalte wurden mir bewusst. Mein Essverhalten änderte sich während dieser Phase nachhaltig; ein grosses Bedürfnis nach Lichtnahrung stellte sich ein. Die Aufnahme der Lichtnahrung steigerte meine Leistungsfähigkeit erheblich.

Engel's Reiki – die fünfte Erleuchtungsphase

- Verschmelzung von Christus und Buddhabewusstsein -

Während der fünften Erleuchtungsphase verschmilzt das Christusbewusstsein mit dem Buddhabewusstsein; die Göttliche Liebe vereint sich mit dem Göttlichen Bewusstsein. Diese Verschmelzung bewirkt eine starke Anhebung unserer Schwingung.
Um uns optimal mit Energie zu versorgen, wird die Aufnahme von Lichtnahrung immer wichtiger. Die verbliebenen Schatten werden in Licht transformiert und wir erstrahlen zunehmend lichtvoller.

Engel's Reiki Energien für die fünfte Erleuchtungsphase:

Hauptenergien: Christus- und Buddhaenergie vereint, vereinte Erzengelenergien, Lichtnahrung

- Tägliche, gemeinsame Einstimmung in die Christus- und Buddhaenergie
- Tägliche Einstimmung in alle Erzengelenergien vereint
- Vermehrte Aufnahme von Lichtnahrung, *gemäss Deiner inneren Führung*

....

Unterstützende Energien: Energie unseres Höheren Selbst, Engelenergie, Krafttierenergie, Reiki
Es ist möglich, sich am gleichen Tag in mehrere Energien einzustimmen

....

Dauer der zweiten Erleuchtungsphase: ca. 1 Monat
Gehe erst dann zur Energiearbeit der nächsten Erleuchtungsphase über, wenn Dir Deine innere Führung dazu rät.

Reinigungsgrad: Verstärkte Lichtwerdung

Wirkungsübersicht für die fünfte Erleuchtungsphase:

Während dieser Erleuchtungsphase verfeinert sich Deine Schwingung zunehmend. Am Ende sind Dein Körper und Dein Energiefeld schon sehr gut gereinigt, so dass Du eine hohe Schwingung ausstrahlst. Entsprechend dem Gesetz der Resonanz lösen sich, ohne Dein bewusstes Tun, immer mehr Blockaden im Aussen. Damit ändert sich Dein Erleben. Des weiteren sensibilisiert sich Deine übersinnliche Wahrnehmung mehr und mehr.

Wichtig während der fünften Erleuchtungsphase:

Stimme Dich täglich gemeinsam in die Christus- und Buddhaenergie sowie in alle Erzengelenergien gemeinsam ein. Erhöhe die Aufnahme der Lichtnahrung. Lebe bewusst! Wähle die Nahrung gemäss Deiner inneren Führung aus.
Nimm täglich eine rohe Karotte zu Dir!

Energiearbeit für die fünfte Engel's Reiki Erleuchtungsphase:

Verschmelzung der Göttlichen Weisheit und der Göttlichen Liebe

In dem wir uns täglich gemeinsam in die Buddha,- und Christusenergie einstimmen, verschmelzen in uns – und damit auch in unserem Leben – das Christus,- und das Buddhabewusstsein. Dies hat eine starke Anhebung unserer Schwingung zur Folge. Wir strahlen eine intensive, lichtvolle Energie der Liebe und Weisheit aus. Wir tragen dazu bei, die Schwingung der Erde anzuheben. Geniesse diese grosse Gnade, Dich in zwei so lichtvolle Energien gemeinsam einstimmen zu dürfen. Du bist völlig geschützt. Es wird soviel Energie fliessen, wie für Dich im Jetzt richtig ist.

Vereinte Einstimmung in die Buddha- und Christusenergie:

Setze oder lege Dich bequem hin und schliesse Deine Augen.

Erde Dich!

Lege Deine Hände auf Dein Herzchakra. Sprich laut oder in Gedanken je 3x

Ich öffne mich der Buddha- und Christusenergie
Ich öffne mich der Buddha- und Christusenergie
Ich öffne mich der Buddha- und Christusenergie

Spüre in Dankbarkeit wie sich diese sehr lichtvollen Energien durch Dein Kronenchakra in Deinen Körper und Dein Energiefeld ergiessen.

Solltest Du das innere Bedürfnis verspüren, so lege Deine Hände während der Energieaufnahme auch auf andere Körperstellen.

Energieaufnahme bis Ende Energiefluss (ca. 15 Min.)

Bedanke Dich!

Die Transformation unseres Schattens

Schatten lässt sich nur durch Licht in Göttliche Liebe transformieren. Durch das Arbeiten mit den Engel's Reiki Energien wird unser Schatten in Licht transformiert. Indem das Christus,- und Buddhabewusstsein während der fünften Erleuchtungsphase mehr und mehr in uns verschmilzt, beginnen sich die Reste unseres Schattens sehr schnell in Licht und Liebe zu transformieren.

Schatten	▶	**Licht**
Angst	▶	**Vertrauen**
Ego	▶	**Selbstwert**
Hass	▶	**Liebe**
Trauer	▶	**Freude**
Feigheit	▶	**Mut**
Machtlosigkeit	▶	**Lichtvolle Macht**
Eifersucht	▶	**Freude für andere**
Ruhelosigkeit	▶	**Ruhe**
Krieg	▶	**Frieden**
Mangel	▶	**Fülle**
Misserfolg	▶	**Erfolg**

Göttliche Liebe

Das Geheimnis der rohen Karotte

Dein Bedürfnis nach Lichtnahrung wird in dieser Phase immer mehr zunehmen. Zu Beginn der fünften Erleuchtungsphase wird Dein Körper Mühe haben, Lichtnahrung über längere Zeit in den Zellen zu speichern. Die Erfahrung hat gezeigt, dass der tägliche Verzehr einer rohen Karotte, evtl. mit Weichkäse etc., den Prozess der Speicherung begünstigt. Diese Unterstützung, die wir unserem Körper zukommen lassen, ist ab der 7. Erleuchtungsphase nicht mehr erforderlich.

Meine persönlichen Erfahrungen mit der fünften Engel's Reiki Erleuchtungsphase

Die gemeinsame Einstimmung in die Christus- und Buddhaenergie war für mich ein sehr bewegendes Erlebnis, da ich während dieser Erleuchtungsphase sehr grosse Bewusstseinsschritte machen durfte. Ich spürte noch einmal intensiv die Transformation meines Schattens in Licht. Mir wurde erneut bewusst, dass Schatten weder durch Verdrängung noch durch Kampf aufgelöst werden kann. Er kann nur dann in Licht transformiert werden, wenn wir ihn in Liebe und Weisheit annehmen.

Engel's Reiki – die sechste Erleuchtungsphase

- Göttliches Bewusstsein -

Während der sechsten Erleuchtungsphase erreichst Du ein sehr hohes Bewusstsein. Da Dein Körper bereits sehr lichtvoll ist, beginnst Du zeitweise von innen heraus zu leuchten. Deine Gedanken haben eine hohe Schöpferkraft, da Dir eine machtvolle Resonanz zu eigen ist. Deine Reinheit erlaubt es Dir, auch sehr hohe geistige Wesen zu channeln.

Durch die Aufnahme der Reinen Göttlichen Energie findet ein nochmaliger, sehr intensiver Reinigungsprozess statt. Um unseren Körper und unser Energiefeld optimal zu ernähren, ist eine tägliche, mindestens sechsmalige Aufnahme der Lichtnahrung erforderlich.

Engel's Reiki Energien für die sechste Erleuchtungsphase:

Hauptenergien: Reine Göttliche Energie, Energie des Höheren Selbst, Lichtnahrung

- Tägliche Einstimmung in die Reine Göttliche Energie
- Tägliche Einstimmung in die Energie Deines Höheren Selbst
- Tägliche, sechsmalige Aufnahme von Lichtnahrung ca. je 10 Min.

....

Unterstützende Energien: Christusenergie, Buddhaenergie, Einstimmung in einzelne Erzengelenergien oder Einstimmung in alle Erzengelenergien gemeinsam, Engelenergie, Krafttierenergie, Reiki

Es ist möglich, sich am gleichen Tag in mehrere Energien einzustimmen

....

Dauer der sechsten Erleuchtungsphase: ca. 3 Monate

Gehe erst dann zur Energiearbeit der nächsten Erleuchtungsphase über, wenn Dir Deine innere Führung dazu rät

Reinigungsgrad: intensive Lichtwerdung

Wirkungsübersicht für die sechste Erleuchtungsphase:

Die Aufnahme der Reinen Göttlichen Energie reinigt Dich nochmals intensivst. Dies macht sich durch Reinigungssymptome wie Hitzewallungen oder Frösteln bemerkbar. Gegen Ende dieser Phase hast Du einen so hohen Reinigungsgrad erreicht, dass Du zeitweilig das Leuchten all Deiner Zellen spürst. Du fühlst, wie Du von Innen heraus zu leuchten beginnst. Dies ist ein unbeschreiblich schönes Gefühl.

Wichtig während der sechsten Erleuchtungsphase:

Stimme Dich täglich in die Reine Göttliche Energie sowie in die Energie Deines Höheren Selbst ein. Nimm mindestens sechsmal täglich Lichtnahrung auf. Achte auf reines Denken und ein bewusstes Leben.

Energiearbeit für die sechste Engel's Reiki Erleuchtungsphase:

Die Reine Göttliche Energie

- lässt unsere Zellkerne erstrahlen -

Die Reine Göttliche Energie ist die lichtvollste aller Energien. Betrachte es als eine grosse Gnade, sich ihr öffnen zu dürfen, denn sie lässt alle Deine Zellen sowie Deine Energiefelder erstrahlen. Dabei findet noch einmal eine sehr intensive Reinigung statt – wahrscheinlich die stärkste Deines bisherigen Weges. Daher ist es wichtig, sich erst nach gründlicher Vorbereitung in die Reine Göttliche Energie einzustimmen – also erst in der sechsten Erleuchtungsphase.
Ich nehme die Reine Göttliche Energie in sehr hellem, weissem Licht wahr. Öffnest Du Dich ihr, so beginnst Du zu erstrahlen. Alle bisher noch nicht aufgelösten Blockaden werden transformiert. Es fliesst immer nur soviel Reine Göttliche Energie wie für Dich im Jetzt richtig ist. Dabei bist Du immer vollkommen geschützt. Du fühlst Dich eins mit Gott, der Schöpfung und Dir selbst – Du beginnst zu spüren, was Erleuchtung wirklich ist.

Aufnahme der Reinen Göttlichen Energie:

Setze oder lege Dich bequem hin und schliesse Deine Augen.

Erde Dich!

Lege Deine Hände auf Dein Herzchakra. Sprich laut oder in Gedanken je 3x

Ich öffne mich der Reinen Göttlichen Energie
Ich öffne mich der Reinen Göttlichen Energie
Ich öffne mich der Reinen Göttlichen Energie

Spüre in Dankbarkeit wie sich die lichtvollste aller Energien durch Dein Kronenchakra in Deinen Körper und Dein Energiefeld ergiesst.

Solltest Du das innere Bedürfnis verspüren, so lege Deine Hände während der Energieaufnahme auch auf andere Körperstellen.

Energieaufnahme bis Ende Energiefluss (ca. 10 Min.)

Bedanke Dich!

Göttliches Bewusstsein

- Die Überwindung der Polarität -

Während der sechsten Erleuchtungsphase bist Du bereits so rein, dass es Dir zeitweise gelingt, die Polarität zu überwinden; Gut und Böse existieren nicht mehr für Dich. Du weisst, dass alles Geschehen einen tieferen Sinn hat. So lebst Du – auch in schwierigen Situationen – in absolutem Vertrauen in Gott, den Göttlichen Plan und die Göttliche Führung. Du weisst, dass Du auf diesem Planeten reinkarniert bist, um Deine Berufung zu erfüllen. Daher setzt Du Dich mit aller Kraft ein, sie zu leben. Dabei wertest Du weder über Dich noch über andere. Umgeben von Liebe, lebst Du Liebe in Deinem Leben. Deine Gedanken sind rein; daher erstrahlst Du in Göttlichem Licht. Dein Leben erblüht. Du fühlst Dich sicher und beschützt. Es ist Dir möglich, Deine Dimension zu überwinden und direkt mit der geistigen Welt zu kommunizieren. Da Deine Schwingung sehr hoch ist, manifestieren sich Gedanken, die Du aussendest, sehr rasch in der Materie. Du hast erkannt, wer Du in Deiner Essenz bist und was Deine Berufung für dieses Leben ist.

Du bist Schöpfer

Aufgrund Deiner hohen Schwingung bist Du zu einem machtvollen Schöpfer geworden. Da sich jeder Deiner Gedanken materialisiert, ist es unbedingt erforderlich, reine Gedanken zu haben. Sollten dennoch einmal Deine Gedanken destruktiver Natur sein, so transformiere sie sofort in Licht und Liebe. Erschaffe nun im Einklang mit dem Göttlichen Plan.

Materialisierung:

Sprich täglich 3x laut oder in Gedanken reinen Herzens:

Ich bin Göttliches Licht. Ich bin ein Schöpfer des Lichts.
Ich erschaffe mir alles, was ich benötige, um meine
Berufung optimal in Licht und Liebe erfüllen zu können.

Tägliche, sechsmalige Aufnahme von Lichtnahrung

Zwischenzeitlich hast Du sicherlich die Wirkung der Lichtnahrung erfahren. Da Du mittlerweile eine sehr hohe Feinstofflichkeit erreicht hast, ist es eine Notwendigkeit, täglich und ohne Ausnahme sechsmal Lichtnahrung aufzunehmen. Andernfalls zitterst Du vor Kälte – fühlst Dich müde und niedergeschlagen.
Die Aufnahme der Lichtnahrung vor Deinen normalen Mahlzeiten bewirkt, dass sich der Geschmack der Speisen intensiviert und Du das Essen in seiner vollen Essenz erfährst.

Meine Erfahrungen mit der sechsten Engel's Reiki Erleuchtungsphase

Bei der Einstimmung in die Reine Göttliche Energie erlebte ich zunächst starke Reinigungssymptome. Danach begann ich immer häufiger von Innen heraus zu leuchten. Dies war ein unbeschreibliches Gefühl. In dieser Erleuchtungsphase wies mich die geistige Welt mehrfach auf die Kraft meiner Gedanken hin. Immer häufiger gelang es mir, die Polarität zu überwinden. Ich lebte Göttliche Liebe und vertraute in vollkommener Weise auf die Göttliche Führung. Zahlreiche Blockaden in meinem Leben lösten sich auf, und mein Leben wurde reiner und reiner und reiner...

Engel's Reiki – die siebte Erleuchtungsphase

- Verschmelzung mit dem Göttlichen Bewusstsein -
- Verschmelzung mit unserem Höheren Selbst -
- Erleuchtung -

Die siebte Erleuchtungsphase wird Dir die Erleuchtung bringen – sofern Deine Seele dies für dieses Leben gewählt hat. Indem Du mit dem Göttlichen Bewusstsein verschmilzt, überwindest Du die Polarität der Erde. Zeitweilig bist Du in vollkommener Einheit mit Deinem Höheren Selbst und erfüllst Deine Berufung in optimaler Weise; Du erstrahlst in Liebe und Licht. Aufgrund Deiner hohen Feinstofflichkeit wirst Du nun ständig mit Lichtnahrung versorgt. Du hast Erleuchtung erlangt und erkennst, dass Erleuchtung unendlich ist; Du bist zu einem Schöpfer des Lichts geworden. Du bist vom Lichtarbeiter zum Lichtbringer erstrahlt. Du hast Dich selbst gefunden. Du hast Glückseligkeit erfahren. Du bist heil geworden.

Engel's Reiki Energien für die siebte Erleuchtungsphase:

Hauptenergien: Reine Göttliche Energie, Energie des Höheren Selbst, Lichtnahrung

- Tägliche Einstimmung in die Reine Göttliche Energie
- Tägliche Einstimmung in die Energie Deines Höheren Selbst
- Ständige, unbewusste Aufnahme von Lichtnahrung

....

Unterstützende Energien: Christusenergie, Buddhaenergie, einzelne Erzengelenergien oder auch alle Erzengelenergien gemeinsam, Engelenergie, Krafttierenergie, Reiki

Es ist möglich, sich am gleichen Tag in mehrere Energien einzustimmen

....

Dauer der siebten Erleuchtungsphase: Erleuchtung ist unendlich. Du erstrahlst mehr und mehr und mehr...

Reinigungsgrad: Erleuchtung

Wirkungsübersicht für die siebte Erleuchtungsphase:

Während der siebten Erleuchtungsphase beginnst Du zu erstrahlen. Deine Feinstofflichkeit ist so hoch, dass Du permanent mit Lichtnahrung versorgt wirst. Dennoch solltest Du auch weiterhin herkömmliche Nahrung – in der Menge, die Du benötigst – zu Dir nehmen. In einem ganz hohen Erleuchtungsgrad wird es Dir eines Tages möglich sein, Dich ausschliesslich von Lichtnahrung zu ernähren und dabei optimal versorgt zu sein. Du wirst mehr und mehr gereinigt. Dein Körper erreicht seine optimale Schönheit. Die Erleuchtung lässt all Deine Zellkerne in Göttlichem Licht erstrahlen. Dein Energiefeld beginnt sich mehr und mehr auszudehnen. Damit erhöhst Du die Schwingung der Erde und der ganzen Schöpfung. Du erstrahlst zum Lichtbringer.

Wichtig während der siebten Erleuchtungsphase:

Stimme Dich täglich in die Reine Göttliche Energie und in die Energie Deines Höheren Selbst ein. Folge der Führung Deiner spirituellen Lehrer. Benutze Deine lichtvolle Macht ausschliesslich in Liebe, Licht und Weisheit. Achte darauf, dass Deine Gedanken rein sind. Lebe ein bewusstes, freudiges Leben in absolutem Vertrauen in Gott. Sei Dir Deiner Verantwortung in diesem Leben bewusst. Achte auf ausreichend Schlaf und genügend Bewegung. Lebe Dein Leben in Liebe und Weisheit und mit grosser Freude.

Du wirst zum Gebieter über die Materie

Während der siebten Erleuchtungsphase wird Deine Schwingung so lichtvoll, dass Du zum Gebieter wirst; Du gewinnst lichtvolle Macht über die Materie. Es ist nun Deine Verpflichtung, diese Macht als Gebieter über die Materie zu leben, indem Du Verantwortung für die ganze Schöpfung übernimmst. Die Dinge, die Du gebietest, werden sich erschaffen, sofern sie dem Göttlichen Plan entsprechen.

Du übernimmst damit eine grosse Verantwortung. Man wird Dich prüfen, ob Du ihr gerecht wirst. Gebiete immer in Liebe, Weisheit und im Einklang mit dem Göttlichen Plan. Du darfst und sollst all das gebieten, was Dir hilft, Deine Berufung optimal umsetzen zu können.

Nun gebiete in Liebe und Licht:

Ich gebiete im Einklang mit dem Göttlichen Plan,
es möge geschehen dass...

....

Ich gebiete im Einklang mit dem Göttlichen Plan,
es möge geschehen dass...

....

Ich gebiete im Einklang mit dem Göttlichen Plan,
es möge geschehen dass...

So sei es.
So sei es.
So sei es.

Die Erleuchtungsprüfung

Bevor Du Erleuchtung erlangst, hast Du noch eine letzte Prüfung zu bestehen. Buddha und Christus werden Dich dabei leiten und unterstützen. Als Belohnung wirst Du 21 individuelle, Göttliche Geschenke erhalten. Sie beziehen sich sowohl auf Dein Innenleben, als auch auf Dein Erleben im Aussen. Das 21.Geschenk wird die Erleuchtung sein.

Deine Prüfung besteht darin, Dich für die Dauer von 21 Tagen ausschliesslich von Lichtnahrung zu ernähren, ohne merklich an Gewicht zu verlieren und dabei in optimaler körperlicher, geistiger und seelischer Verfassung zu bleiben. Die Aufnahme von flüssiger Nahrung aller Art ist Dir gestattet; davon solltest Du ausreichend zu Dir nehmen.

Die tiefere Wahrheit dieser geistigen Erleuchtungsprüfung ist es, festzustellen, ob Dein Vertrauen in Gott so stark ist, dass Du 21 Tage nur durch ihn genährt werden kannst. Als Voraussetzung zur Erlangung der Erleuchtung reinigt Dich diese Phase nochmals optimal. Tiefe Weisheiten erschliessen sich Dir in dieser Phase – bis hin zur Erleuchtung.

Bitte beachte unbedingt: Du trägst die volle Verantwortung für Deinen Körper und Deine Gesundheit. Ich nehme Dir diese Verantwortung in keiner Weise ab. Beginne diese 21-tägige geistige Prüfung nur unter folgenden Voraussetzungen:

- Du hast alle sechs Engel's Reiki Stufen gründlich durchlaufen
- Du hast bereits Dein optimales Gewicht erreicht
- Du befindest Dich bei bester Gesundheit; Körper, Geist und Seele betreffend
- Deine geistigen, spirituellen Lehrer erteilen Dir die Erlaubnis, in diese Prüfung zu gehen.
- Du verspürst das starke innere Bedürfnis, diese Prüfung absolvieren zu wollen

*Fühlst Du Dich während diesen 21 Tagen sehr schlecht oder verlierst mehr als 3kg an Gewicht, **dann brich die Prüfung sofort ab:** Dein Vertrauen in Gott ist noch nicht ausreichend, um Dich voll aus ihm zu nähren. Arbeite weiter an Dir mit den Engel's Reiki Energien und wiederhole die Prüfung zu einem späteren Zeitpunkt.*

Bestehst Du Deine Prüfung, so wirst Du am 21. Tag Erleuchtung erlangen. Sicherlich wird das die momentane Krönung Deines spirituellen Weges sein. Nach Ablauf der 21 Tage darfst Du natürlich wieder mit Dankbarkeit und grosser Freude all das essen, was Deinem Bewusstsein entspricht.

Sei Dir bewusst: Dein Körper ist nun für immer an die Lichtnahrung angeschlossen. Er braucht Zeit, um sich wieder auf grobstoffliche Nahrung umzustellen. Es wird Dir nie mehr möglich sein, ganz zu Deinen alten Essgewohnheiten zurückzukehren...

Erleuchtung

Erleuchtung bedeutet, den Weg zu sich selbst, zu seiner eigenen Göttlichen Essenz gefunden zu haben und ihn weiter zu begehen. Du erlebst Dich als Göttliches Wesen, das aus seiner Mitte lebt und in Liebe und Weisheit erstrahlt. Du bist „Heil, Ganz," geworden. Dieser Zustand wird von jedem Menschen sehr individuell wahrgenommen. Es gibt keine Worte dafür, diese Verschmelzung mit dem Licht auch nur annähernd beschreiben zu können. Du darfst es selbst erleben, sofern Deine Seele die Erlangung der Erleuchtung in diesem Leben gewählt hast. Erleuchtung ist ein dynamischer, unendlicher Prozess; Du erfährst Dich als Göttliches Wesen, welches sein Licht unendlich auszudehnen vermag. Du wächst täglich in Deiner Bewusstwerdung. Du erlebst Dich immer mehr in Einheit mit Gott und der Schöpfung. Ausserdem entfalten sich Deine übersinnlichen Fähigkeiten gemäss Deiner Berufung und je intensiver Du erstrahlst, umso grössere Weisheiten eröffnen sich Dir. Du erfährst inneren Frieden durch Weisheit. Indem Du die Polarität überwindest, vermagst Du über die Materie zu gebieten. Du lebst Dein Göttliches Potential und erhöhst damit die Schwingung der Erde und der gesamten Schöpfung.
Bitte bedenke aber, dass Du, auch nach Deiner Erleuchtung, immer noch in einem menschlichen Körper weilst. Damit ist die Möglichkeit gegeben, dass Deine Schwingung zeitweise absinken kann und Du wieder Teil der Polarität wirst. Menschliche Schwächen treten wieder zutage; nehme sie in Liebe an und handle in Weisheit.

Durch Deine Erleuchtung bist Du zu
einem Lichtbringer geworden.
Erfülle diese Aufgabe mit grosser Liebe und Weisheit,
mit all Deiner Kraft und mit der grössten Freude...

Für Dich !
Für die Menschheit !
Für die Erde !
Für die ganze Schöpfung !
Für das Licht... !

Sei dir bewusst: „Hier endet nicht Dein Bewusstseinsweg. Nein, hier beginnt er erst richtig". Die Engel's Reiki Energien werden Dich auch weiterhin begleiten. Stimme Dich auch künftig nach geistiger Führung in sie ein – ein Leben lang.

Meine persönlichen Erfahrungen mit der siebten Engel's Reiki Erleuchtungsphase

Bei der Einstimmung in die Reine Göttliche Energie traten zunächst starke Reinigungssymptome auf. Danach begann ich, immer häufiger von Innen heraus zu leuchten. Es war ein unbeschreibliches Gefühl. Welche Kraft meine Gedanken bereits hatten, wurde mir während dieser Phase durch die geistige Welt deutlich vor Augen geführt. Ich fühlte mich mehr und mehr eins mit Gott und der Schöpfung. Moses erschien mir in geistiger Form, überreichte mir seinen Stab der Elemente und sprach: „Nun gebiete Du über die Elemente." Ich hatte zunächst Angst, diese neue Macht zu nutzen, da ich befürchtete, mir neues Karma zu schaffen. An dieser Stelle erinnerte ich mich an mein früheres Leben in Atlantis und dem damit verbundenen Machtmissbrauch. Ich erkannte jedoch, dass eine hohe Schwingung verlangt, Verantwortung zu übernehmen. Schöpfer zu sein, gehört zu unserem ureigensten Göttlichen Wesenskern.

In die 21-tägige Erleuchtungsprüfung
ging ich mit grosser Freude und dem inneren Wissen,
dass Gott mich nähren wird.

Grosse Geschenke warteten auf mich.

Die Erleuchtung sollte die Krönung
meines bisherigen geistigen Weges werden.

Göttliche Botschaft

Meine Kinder erinnert Euch.
Ihr seid unbegrenzt.
Ihr seid Göttliches Licht.
Ihr seid Göttliche Liebe.
Ihr seid Göttliche Essenz.
Ihr findet mich in Euch und ich wirke durch Euch.
Erinnert Euch wer Ihr wirklich seid. Ihr seid Licht.
Ihr seid Liebe. Ihr seid mich und ich bin Euch. Ihr seid aus der
Einheit hinaus getreten um in die Einheit zurückzukehren.
In Wahrheit aber waren wir nie getrennt, denn wir sind eins.
Ihr besitzt meine lichtvolle Macht.
Ihr seid grenzenlos.
Ihr könnt alles erreichen. Alles ist Euch möglich.
Eure Grenzen sind Illusion, denn Ihr seid grenzenlos,
vollkommen und göttlich.
Euer Glauben kann Berge versetzen.
Euer Glaube wird neue Realitäten schaffen.
Euer Erwachen wird Euch das Paradies auf Erden erschaffen.
Viele Leben habt Ihr mich gesucht.
Dies waren wertvolle Erfahrungen für Euch.
Jetzt ist es Zeit für Euren Planeten die Getrenntheit
zu überwinden.
Ihr erhebt Euch und Euren Planeten in eine neue Dimension.
Ihr überwindet die Polarität. Ihr erinnert Euch,
wer Ihr schon immer wart.
Ihr seid mich und ich bin Euch.
Kehret heim. Glaubt, denn nur der Glaube an
Eure Göttlichkeit führet Euch heim in die Einheit.

In Liebe – Gottvater

Gechannelt aus dem Göttlichen Bewusstsein
durch Anisis
2002

Das Göttliche Geschenk der Fülle an alle Lichtarbeiter

„Mangel ist niemals gottgewollt, denn Gott ist Fülle“

Folgst Du dem Weg des Engel's Reiki und wächst an ihm, so ist dies ein sicheres Zeichen dafür, dass Du ein Lichtarbeiter bist. Darunter versteht man eine Seele, deren Berufung es ist, Licht zu bringen, um damit die Schwingung der Erde anzuheben. Als Lichtarbeiter ist es Dir eine geistige Verpflichtung, Deine Berufung in Liebe und mit grosser Freude zu erfüllen. Dieses wird Dir nur dann möglich sein, wenn Du nicht im Mangel lebst. Mangel ist nicht gottgewollt – er widerspricht dem Göttlichen Plan, denn Gott ist unbegrenzte Fülle.
Vergleichen wir unser Leben mit einem Fluss. An den Ufern des ruhig dahinfliessenden Wassers gedeiht das Leben. Führt der Fluss jedoch zuviel Wasser und überschwemmt seine Ufer, reisst er fruchtbaren Boden mit sich fort. Fliesst dagegen zu wenig Wasser, vertrocknet die Vegetation. Ganz ähnlich verhält es sich in unserm Leben. Die beiden Extreme Überfluss, aber auch Mangel – sind für unsere spirituelle Entwicklung und unser Lebensglück schädlich. Viele spirituelle Menschen haben mit der Energie der Fülle Probleme. Manche von uns tragen noch immer den Glaubenssatz in sich, dass Fülle, insbesondere dann, wenn sie die Form von Geld annimmt, unsere spirituelle Entwicklung blockiert.
Ich kenne einige Therapeuten, die ihre wertvollen Dienste am liebsten gratis leisten würden, was häufig zur Folge hat, dass ihre Existenz, und somit das Fortsetzen ihrer lichtvollen Arbeit, gefährdet ist. Also ist es sehr wichtig, dass Dir der Wert Deiner Arbeit bewusst ist. Andernfalls strahlst Du dies aus und in dieser Resonanz werden Deine Mitmenschen Deine Arbeit nicht würdigen. Hältst Du aber das, was Du gibst, für wertvoll, so wird auch die Energie der Fülle zu Dir zurückkehren.
Dr. Mikao Usui, Gründer der heutigen Reikisysteme, formulierte diesen Sachverhalt in der energetischen Gleichung:

„Energie gegen Energie“

Gibt man über einen längeren Zeitraum Energie weiter ohne dafür eine entsprechende Gegenleistung zu erhalten, so erzeugt man ein energetisches Ungleichgewicht. Man schadet damit energetisch nicht nur sich selbst, sondern macht auch gleichzeitig seine Mitmenschen zum energetischen Schuldner. Dieser Tatsache sollte man sich im Alltagsleben bewusst sein. Gute zwischenmenschliche Beziehungen entstehen nur dann, wenn sie – gleich in welcher Form – auf Geben und Nehmen basieren. Besteht über einen längeren Zeitraum ein energetisches Ungleichgewicht, so ist die Beziehung davon negativ betroffen. Zurückkehrende Energie kann unterschiedlicher Natur sein. Sie kann sich sowohl in Form von Liebe, aufrichtigen Dank, Anerkennung der Leistung zeigen – als auch in finanzieller Zuwendung.
Weiterhin sollten wir uns stets dessen bewusst sein, dass wir das Recht, ja sogar die Göttliche Pflicht haben, uns ein Leben in Göttlicher Fülle zu erschaffen. Damit sind alle Bereiche unseres Lebens gemeint: Berufsleben, zwischenmenschliche Beziehungen – insbesondere die der Partnerschaft – und unsere eigene Entwicklung als Person sowie unsere finanziellen Verhältnisse. Betrachtest Du Dein Leben ohne zu werten, so wirst Du erkennen, dass nicht alle Bereiche in gottgewollter Weise erblüht sind. Einige leiden vielleicht unter Mangel, andere hingegen schwelgen im Überfluss. Deine Aufgabe besteht also darin, in all Deinen Lebensbereichen, die für Dich richtige Balance herzustellen.

Ich fragte meinen spirituellen Lehrer Jesus Christus:

„Wie viel Fülle sollte ein Mensch besitzen?“

Seine Antwort lautete:

***„Soviel, dass Du alles, was Du besitzt,
noch würdigen und Dich
täglich daran erfreuen kannst“.***

Besitzen wir zuviel, so wird daraus Last, die unseren Weg blockiert. Besitzen wir hingegen zu wenig, so blockiert Mangel unseren Weg. Die Energie der Göttlichen Fülle vermag ein Gleichgewicht herzustellen. Sie löst all die Blockaden in unserem grobstofflichen sowie feinstofflichen Körper auf, die ein Leben in Göttlicher Fülle verhindern. Unser Leben kann wieder in Göttlicher Harmonie gedeihen und erblühen, so dass wir als Lichtarbeiter unsere Berufung optimal in die Materie bringen können.

Anwendung: Denke jeden Tag, morgens, bevor Du aufstehst und abends, bevor Du einschläfst, ca. 5 Min. intensiv und mit Freude an all das, was Dein Leben bereichert. Danke Gott für alle die materiellen und geistigen Gaben. Erbitte von Gott die Dinge, durch welche die Harmonie in Deinem Leben noch vervollkommnet würde. Führe diese Andacht jeden Morgen und jeden Abend durch, und wenn Du möchtest auch noch zusätzlich während des Tages.

- Dein Leben lang -

Aufnahme der Energie der Göttlichen Fülle:

Setze oder lege Dich bequem hin und schliesse Deine Augen.

Erde Dich!

Lege Deine Hände auf Dein Solarplexuschakra (Magengegend). Schliesse Deine Augen. Sprich 3x laut oder in Gedanken:

Ich öffne mich der Energie der Göttlichen Fülle
Ich öffne mich der Energie der Göttlichen Fülle
Ich öffne mich der Energie der Göttlichen Fülle

Spüre wie sich türkis-goldenes Licht in Dein Kronenchakra ergiesst, wie es durch Deinen Körper pulsiert und Deine ganze Aura auszufüllen beginnt. Du fühlst Dich frei, stark und glücklich. Meditiere mit dieser Energie ca. 15 Min.

Solltest Du das innere Bedürfnis verspüren, so lege Deine Hände während der Energieaufnahme auf andere Körperstellen.

Bedanke Dich!

Wenn Du Harmonie und Fülle in Deinem Leben manifestieren möchtest, so bitte immer um die Energie der Göttlichen Fülle. Praktiziere die Anwendung am besten 21 Tage in Folge. Während oder nach der Meditation spürst Du, dass sich Deine Blockaden zu lösen beginnen. Dies geht zumeist mit Übelkeit, leichten Schmerzen im Solarplexuschakra oder in den Knien einher. Je mehr Blockaden sich in Dir zu lösen beginnen, umso mehr Fülle und Harmonie wird sich in Deinem Leben manifestieren, da unser Aussen nur Spiegelbild unseres Inneren ist.

Meine Tochter - Mein Sohn
Meine Kinder

Ich bin die Fülle
Du bist Fülle
Alles ist unendliche Fülle
Gott ist die Essenz der Fülle
Gott ist nie endende Fülle und Freude

Nun glaube es
Nun glaube es
Nun glaube es

Nun lebe diese Fülle von heute an immer zu
Nun lebe diese Freude von heute an immer zu
Bis in alle Ewigkeit
Die Erdenmutter
Die Mutter allen Seins
Die Göttin in Dir
Verschmelze mit mir
Verschmelze mit der Fülle
Verschmelze mit der Freude
Sei Fülle – Sei Freude
Lebe Fülle – Lebe Freude

Immerzu
Immerzu
Immerzu

Gechannelt aus dem Göttlichen Bewusstsein
durch Anisis
2002

Liebe Lichtarbeiterin
Lieber Lichtarbeiter

Engel's Reiki ist ein Geschenk des Lichts
Nehme dieses Geschenk in Liebe und Dankbarkeit an.

Im Auftrag des Lichts
habe ich nach bestem Wissen und Gewissen versucht,
Dir all das zu lehren,
was ich über Engel's Reiki empfangen durfte.

Manche Seelen wählen, den ganzen Weg des Engel's Reiki zu gehen,
andere entscheiden sich dafür,
nur einen Teil dieses Weges zurückzulegen.
Wieder andere Seelen gehen auf anderen Wegen
der Erleuchtung entgegen.

Alle Wege sind vor Gott gleichwertig.

Hast Du Erleuchtung erlangt,
so bist Du vom Lichtarbeiter zum
Lichtbringer erstrahlt.

Ich danke der Schöpfung für die Gnade,
dass ich Engel'sReiki lehren darf.

Der Weg der Liebe und der Weg der Weisheit
mögen in Dir erstahlen -
für alle Zeiten.

In Liebe, Licht und Glückseligkeit

Anisis

Danksagung

Von ganzem Herzen danke ich Gott, allen meinen lichtvollen, geistigen Lehrern insbesondere Christus, der mir den Weg der Liebe lehrte, sowie Buddha, der mir die Göttliche Weisheit offenbarte. Herzlichsten Dank im Namen des Lichts an alle, die an diesem Buch mitarbeiteten und es so miterschufen. Mein Dank gilt auch meiner Familie, all meinen Freunden, meinen Seminarteilnehmern und Klienten sowie allen Menschen, die mich täglich Gott erfahren lassen.

Mein besonderer Dank gilt meiner Dualseele; meinem geliebten Mann Umur, durch den ich auf allen Ebenen heil werde.

Die 8 aufbauenden offiziellen Engel´s Reiki Seminare nach Anisis

Die Engel's Reiki Seminare vermitteln Dir das vertiefte Wissen, wie Du die Engel's Reiki Energien für Dich und auch für andere helfend einsetzen darfst. Sie erleichtern Dir den Zugang zum Engel's Reiki. Die Einweihung, die in jedem Seminar erfolgt, bewirkt eine Schwingungsanhebung und beschleunigt Deine Bewusstwerdung.
Nur ausgebildete Engel's Reiki Meister sind berechtigt, diese Seminare abzuhalten. Die Mitgliedschaft der Engel's Reiki Meister im Verband I.A.R.U. (International Angel's Reiki Union) ist freiwillig. Die Engel's Reiki Meister und deren Daten findest Du unter: www.I-A-R-U.com.
Sie sind selbstverständlich frei wählbar. Es ist auch möglich, die Seminare bei verschiedenen Engel's Reiki Meistern zu besuchen.

Gesamtübersicht der 8 aufbauenden offiziellen Engel's Reiki Seminare nach Anisis

Engel's Reiki Meisterseminar

▲

Die reine Göttliche Energie

▲

- Die Buddhaenergie
- Die Energie unseres Höheren Selbst
- Erzengelenergien
- Christusenergie
- Die Krafttierenergien

Vertiefungsseminare:
Reihenfolge frei wählbar

▲

Engel's Reiki Basisseminar

Kontaktadresse: Autor Anisis Froelich
Saphira Verlag
Altgasse 50
6340 Baar – Schweiz
Tel./Fax. (0041) 041 - 760 80 11
E-Mail: info@saphira-verlag.com
Internet: www.saphira-verlag.com

Kontaktadresse: I.A.R.U. – Schweiz
International Angel's Reiki Union

I.A.R.U.
Altgasse 50
6340 Baar – Schweiz
Tel./Fax. (0041) 041 - 760 80 11
E-Mail: info@I-A-R-U.com
Internet: www.I-A-R-U.com

Bücher die im Saphira Verlag erschienen sind

Aus der Macht der Liebe
12 Christusbotschaften an die Menschheit

gechannelt aus dem Christusbewusstsein durch Anisis

12 Botschaften empfangen aus dem Christusbewusstsein für die Menschheit auf dem Weg in das neue Zeitalter des Lichts.
Grosses Wissen, grosse Erkenntnisse, viele Antworten auf Fragen, die uns seit jeher beschäftigen, werden uns in diesen Botschaften offenbart. Christus selbst ist es, der uns hilft! Es sind Seine Worte, Seine Botschaften – gechannelt durch Anisis –, die uns ganz verständnisvoll und liebevoll entgegenkommen.
Diese Worte erreichen nicht nur unseren Verstand, sondern berühren unsere Seele, unsere tiefste Sehnsucht nach Ganzheit und Heilung. Sie sind so kraftvoll, dass wir bereits beim Lesen von Liebe und Licht durchströmt werden. Wir erfahren eine tiefe Gelassenheit und spüren in uns wachsende Liebe zu uns selbst und allen Wesen und Dingen.
Dieses Buch erschliesst uns in einem überkonfessionellen Rahmen in einfachen Worten die Bedeutung des Christusbewusstseins. Es lässt uns dieses Bewusstsein der allumfassenden Liebe erleben und leben.
Aus dieser Macht der Liebe heraus erfahren wir Transformation und Befreiung.

Erschienen im Saphira-Verlag,
im Buchhandel unter der
ISBN-NR: 3-9522893-1-0
erhältlich. 159 Seiten gebunden, Hardcover.
SFr. 39.- / Euro 25.-

Die Macht der Zwerge
Von Thera Andrea Minder

Die Macht der Zwerge bietet Dir die Möglichkeit, in Form von Meditationen Verhaltensweisen zu erkennen und zu transformieren. Wenn Du möchtest, kannst Du mit Hilfe der göttlichen Zwerge in Höhere Dimensionen aufsteigen, soweit Dein Inneres dazu bereit ist. Die Energie der Zwerge öffnet Dir das Herz, damit Du die Verbindung zur Natur und ihren Devas wahrnehmen kannst und die Seele der Mutter Erde spürst. Lass Dich von den Zwergen und ihren Lichtsäulen verzaubern, so wie sie mich verzaubert haben!

Erschienen im Saphira-Verlag,
im Buchhandel unter der
ISBN-NR: 3-9522893-0-2
erhältlich. 169 Seiten gebunden.
SFr. 35.- / Euro 23.-

Persönliche Notizen

Persönliche Notizen